Staufen
Laufeneag
Weiſſach Ba
Hüttenach
Krebs
Hagſpiel
Riffensberg
Simalsgunte
Rind A.
Burſchgſchwend
Brodl B.
Lauch A.
Hohenfluhe
Kallner Grat
Bergund
Schneiden
Ober Wilhelm
Rotheſluh
Hüttegaall
Lingenau
Balder
Rehenbach
Dreykäſer
Wiſele
Krebenberg
Rubach
Unterhirſchgunten
Oberhirſchgunden
Alſchhauſer Wies
Hirſchgunter Ba
Feuerſtätter B.
Berg Moſer
Hörnle
Niedersberg
Stock
Weiſſenberg
Oberberg
Winterſtauden
Oſtergunten
Schonenbach
Rauchen Ba
Hinteroos B.
Fitzenthal
Bixau
Schnepfegg
Schnepau
Gibeln
Hirſchberg
Canisfluhe B.
Au
Schröcken
Argenau
Argenzipfel
Argen Ba
Goldlachen
Brundlesbode
Hinterargen
Schopernau
Diedams
Suber
alt Breiten
neu Breiten
Hirſchegg
Ochſenhofer Kopf
Mittelb
Haden
Baad
Spitale
Molkböden
Kiren
Tiefſeneiſſer Tobl
Hoheneiſſer B.
T E R
R I N G E N A U
N Z E R
R G
B E
D
L

So klingt's: we we we vaumobil ate.
So stimmt's: www.vmobil.at
Fahrplan im Internet!
www.vmobil.at
VERKEHRS
VERBUND
VORARLBERG

Helmut Tiefenthaler

Wege in die Vergangenheit in Vorarlberg

Wanderungen und Spaziergänge

Tyrolia-Verlag · Innsbruck-Wien

TRAUCH
ISNY
EGLOFSISCH GEB.
WANGISCH GEB.
GRÜNEN. BACH.
BURGISCH GEB.
KEMPTISCH GEB.
SIMMER. BERG.
KELN HOF
H. HOHENECK.
LINDAUISCH GEB.
WASSERBURG
HOF
ALTEN BURG
SIM. MER. BERG.
GISCH GEB.
Immenstadt
BODENSEE
Landau
RIEDEN.
KOENIGSECKISCH GEBIETH.
HOF STEIG
ALBERSCHWEN.
BERG.
LINGENAU
Rheineck
DORN.
BIE.
REN.
HIN TER
BRE. GEN. ZER
WALD.
BUR.
SCHWEIZER – LAND.
CANT ON APPENZELL.
HOHEN
EMS.
NEU. BURG.
SULZ.
MIT. TEL. BERG.
FÜRST. AUGS. ZEN.
RANK.
WEIL.
IAGD.
BERG.
DAMILS.
H. S.GEROLD.
LECHTHAL
THANNBERG.
SCHEL. LENBERG. GEB.
H. BLUMENECK.
GRÆN
H. SONNENBERG.
H. SONNENBERG.
VADUTZISCH GEB.
H. BLUDENZ.
TYROLISCHE
B Ü N D E N
BRETIGEY.
ERKLÆRUNG DER ZEICHEN.
Stadt. Marktflecken. ein gross zerstreutes Dorf. mittelmäßig zerstreutes Dorf. grosses Dorf. mittelmäßiges Dorf. kleines Dorf. Weiler.
Pfarr. Land. Graf- und Herrschaft.
Gerichts-Gränzen. Landstrasse. Saumschlag.
ENGEDEIN.
1
2
3
4
5
6
7
8
9
10
11
12
13
14
15
16
17
18
19
20
21
22
23
24
25
26
27
28
29
30

Inhalt

Wer in der Zukunft lesen will, muss in der Vergangenheit blättern.
André Malraux

Vorwort

Wer wandert, geht mit dem Blick nach vorne. Dieses Vorne lässt etwas Zukünftiges erwarten. Und doch ist das, was wir erblicken, ein Bild der Vergangenheit. Dieses Bild bleibt uns fremd, solange wir es nur mit flüchtigen Eindrücken wahrnehmen und von seiner Geschichte unberührt sind. Dieselbe Landschaft nehmen wir aber anders wahr, sobald wir vom Eilschritt zu einem Schritt der Muße wechseln und wenn aus dem unbedachten Begucken ein besinnliches Betrachten wird. Dann lässt sich leicht eine Erfahrung machen, von der Robert Walser sagt: *Man braucht nicht viel Besonderes zu sehen. Man sieht so schon viel.*

Zur „Kunst des Wanderns" gehört, dass beim gemächlichen Gehen ungewohnter Zeitgewinn erlebbar wird. Damit ist zunächst das Gefühl des genüsslichen Zeithabens gemeint. Zugleich geben sich dem offenen Auge die Spuren einer Jahrhunderte, Jahrtausende und Jahrmillionen zurückreichenden Vergangenheit zu erkennen. Dann kann schon der nächstbeste Weg zur Zeitreise einladen. Denn jede Gegend hat ihre eigene Geschichte mit verlockenden Überraschungen.

Die in diesem Buch vorgestellten 30 Vorarlberger Wanderrouten sind nur eine exemplarische Auswahl, die mit zahlreichen ebenso interessanten Routen vermehrt werden könnte. Im Unterschied zu speziellen natur- und kulturgeschichtlichen Exkursionsführern dienen die Routenbeschreibungen nur in groben Zügen dem Vermitteln von Daten und Fakten. Sie wollen eher schlaglichtartig auf Betrachtenswertes und geschichtliche Zusammenhänge aufmerksam machen, so ähnlich, wie es mit einem Wort von Martin Buber gemeint ist: *Ich habe keine „Lehre"; ich zeige nur etwas.*

Die Betrachtungen unterwegs wollen nicht zu verträumter Nostalgie verleiten. Die schöne Idylle gestriger Landschaftsbilder soll auch Unschönes im Landschaftsgebrauch nicht ganz übersehen lassen. Doch das Vordergründige von heute wird vor dem Hintergrund einer in Urzeiten zurückreichenden Geschichte auch als etwas Vergängliches wahrgenommen. Diese Vergänglichkeit kann erst recht neugierig machen auf das, was das Kurzatmige und Schnelllebige der Jetztzeit zu überdauern vermag.

Helmut Tiefenthaler

Die Erde ist in jedem Winkel ein Abglanz des Ganzen.
Alexander von Humboldt

Abstand von der Alltagswelt

Unsere Umwelt, wie sie uns tagtäglich begegnet, hat etwas Trügerisches an sich. Der Raum, in dem sich das tägliche Leben abspielt, geht oft nicht weit über das hinaus, was man zwischen Wohnstraßen und Autobahnauffahrten zu sehen bekommt. Da fehlt es zwar nicht an hübschen Ansichten von grünen Fluren und hohen Gebirgskulissen, doch die Gewöhnung an die immer gleiche Umgebung wirkt abstumpfend. Wer mit dem Auto im Land herumfährt, bringt zwar eine buntere Mischung von schnell erhaschten Eindrücken zusammen, doch auch die schnellere Umschau lässt meistens nicht so viel Besonderes erkennen, wie man es sich zur Abwechslung wünschen möchte. Dann wird verständlich, weshalb Peter Handke sagt: *An den Orten, zu denen ich gefahren wurde, bin ich nie gewesen. Nur im Gehen öffnen sich die Räume und tanzen die Zwischenräume.*

Wanderer sind im Erleben der Landschaft anspruchsvoller als andere Touristen und Freizeitsportler. Sie sind mit der erholsamen Bewegung in der frischen Luft zugleich auf ein geistig-seelisches Atemholen und Innewerden aus. Dazu gehört Neugier auf Unbekanntes, bei dem man sich nicht mit beschleunigtem Szenenwechsel begnügen will. Indem man sich den Luxus der achtsamen Langsamkeit leistet, lernt man bereits die nächste Umgebung mit anderen Augen sehen. Die Freude an überraschenden Erfahrungen – genauer gesagt „Erwanderungen" – macht zudem sensibler für die Poesie der Landschaft in ihrer Geschichtlichkeit und für den Zauber des Geheimnisvollen. Dahinter steckt mehr als nur Flucht aus einer entzauberten Alltagswelt. Indem wir mit offenen Augen den Besonderheiten und dem Rätselhaften der Landschaft begegnen, nähern wir uns einer Wirklichkeit, die vielmehr das Fragwürdige der gewohnten „Flucht in Flüchtigkeiten" bewusst macht.

Das Auffälligste an den meisten Spuren der Geschichte ist ihre Unauffälligkeit.

Bürstegg (Route 23)

Zwischen Vergangenheit und Zukunft

Indem wir in wechselnden Betrachtungen mit einer facettenreichen Natur- und Kulturgeschichte in Berührung kommen, wird die Vergänglichkeit unserer Gegenwart mehr als sonst bewusst. Damit gibt sich die sich so wichtig machende heutige Zeit als vorübergehende kurze Episode zu erkennen. Dann fällt es schwer, das Schrille und Grelle der momentanen Gegenwart weiterhin so ernst zu nehmen, wie man es gewohnt ist. Dafür lässt man sich mehr von dem beeindrucken, was die unaufdringliche Überlegenheit des Dauerhaften verrät. Dann kann sich freilich auch das Interesse für das Vergangene weder mit trockenen historischen Daten noch mit Illusionen von „guter alter Zeit" zufrieden geben. Indem wir auf das Wertbeständige aufmerksam werden, kann es uns auch nicht mehr gleichgültig sein, wie mit diesem Erbe in einem kurzlebigen Wandel umgegangen wird. So mündet das Fragen nach dem Vergangenen in ein Fragen nach der Zukunft und nach dem, was unter zukunftsfähiger Heimat verstanden wird.

Wer das Liebenswerte und Beziehung Stiftende von Heimat sucht, sucht im Grunde hinter allem äußeren Schein nach der „Seele" der Wirklichkeit, die weder mit romantischem Heimatpathos noch mit sentimentalem Klatsch herbeigeredet werden kann.

Je mehr wir auf das Unverfälschte von Natur und Kultur aufmerksam werden, desto mehr lernen wir mit immer neuen Überraschungen ein unbekanntes Land kennen. Und je mehr wir im Kennenlernen seiner Vielfalt ins Staunen kommen, desto mehr lernen wir es mit Einsichten des Herzens lieben. Solche Liebe öffnet andere Zukunftsperspektiven. Sie würde es auch nicht ertragen, wenn das unverwechselbare Vorarlberg nach dem Klischee von Entenhausen immer mehr zu einem „Land ohne Eigenschaften“ verkommt. So nimmt sie auch die Herausforderung ernst, das Wertbeständige und dauerhaft Zukunftsfähige an diesem Land vor dem überhand nehmenden Missbrauch zu schützen.

Entdeckungswanderungen auf neuen Wegen

Wer dem Geschichtlichen von Natur und Kultur nachspürt, will sich unterwegs auf guten Wegen leicht zurechtfinden können. Dazu hat das Vorarlberger Wanderwegekonzept von 1995 eine Vielzahl von neuen Möglichkeiten eröffnet. Im Zuge der Realisierung wurde grundsätzlich auf möglichst interessante Routenführungen geachtet, sei es als Rundwanderungen oder in Kombination mit Bahn- und Busfahrten. Zugleich wurde darauf Wert gelegt, nach Möglichkeit historische Wege zu reaktivieren und die natur- und kulturgeschichtlichen Besonderheiten besser zugänglich zu machen. So sind jetzt abseits der altbekannten Wanderrouten auch viele Bereiche erschlossen, in denen sich ein Vorarlberg entdecken lässt, das nur wenige kennen. Wer sich auf ein solches Erkunden einlässt, stellt mit Verwunderung fest, dass dieses vermeintlich so leicht überschaubare Ländle unerschöpflich

Mit dem Vorarlberger Wanderwegekonzept wurde eine klarere Wegweisung eingeführt.

an faszinierenden Reizen ist. Das insgesamt an die 6000 Kilometer umfassende Wegenetz bietet heute so viele Routenvariationen, dass ein Menschenleben nicht ausreicht, um sie alle kennen zu lernen.

Dass sich an den Vorarlberger Wanderwegen etwas geändert hat, ist überall im Land schon an der neuen einheitlichen Betafelung und Markierung der Wege zu erkennen. Weil nicht alle Wanderer die gleiche Kondition und Bergerfahrung haben, ist es für die eigene Sicherheit eine wertvolle Hilfe, dass die Markierungsfarben über wichtige Unterschiede in der Begehbarkeit der Wege informieren. Daher ist bei den folgenden Routenvorschlägen ebenfalls die jeweils maßgebliche Markierungsfarbe angegeben.

Nach den Markierungen und Signaturen der Wanderkarten werden dreierlei Wegkategorien unterschieden:

Markierung Signatur	*Charakteristik*
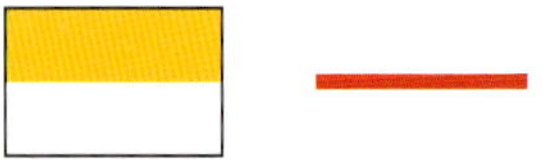	*Leichter Spazier- oder Wanderweg (feste Schuhe zu empfehlen)*
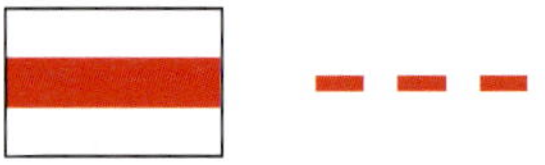	*Bergwanderweg (feste hohe Schuhe mit Profilsohle zu empfehlen)*
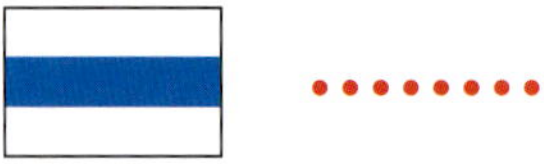	*Alpiner Steig, Trittsicherheit und Schwindelfreiheit erforderlich*

Mit dem Wanderwegekonzept des Landes hat Vorarlberg als erstes österreichisches Bundesland zukunftsweisende Voraussetzungen für ein Wandern mit höheren Ansprüchen geschaffen. Erfreulicherweise ist es mit diesem Schritt in die Zukunft zugleich gelungen, zahlreiche neue Routen – auch für erlebnisreiche Wanderungen in die Vergangenheit – zu bieten. Die folgende kleine Auswahl möge dazu ermuntern, mit eigener Umschau immer mehr beeindruckend „Neuem im Alten“ zu begegnen.

Höhenluft am Bodensee

Lochauer Landschaftsgeschichte

Wegverlauf: Lochau, Ortsmitte (418 m, Parkierungsmöglichkeiten in der näheren Umgebung) – Ruine Althofen (515 m) – Alte Eichenberger Straße – Fallenberg (723 m) – Juggen (860 m) – Sorgen (960 m) – Halden (520 m) – Lochau
Öffentliche Verkehrsmittel: Buslinien 10, 11, 12 und 19 zur Haltestelle Lochau-Gemeindeamt
Höhenunterschied: 590 m
Gehzeit: 4 Stunden (bergauf 2½ Stunden)
Einkehrmöglichkeiten: Lochau

Die Route folgt ab der Ortsmitte von **Lochau** zunächst dem Wegweiser in Richtung Schloss Hofen. Kurz vor dem Gasthof Adler (von 1790 bis 1806 Gerichtshaus von Hofrieden) biegt man nach rechts in ein Gässchen und beim nächsten Wegweiser neuerlich nach rechts ab. Von da geht man auf einer Forststraße ein Stück aufwärts, bis ein Wegweiser die Abzweigung eines romantischen Fußwegs anzeigt, der durch den Tobel des Schlosswaldes zur **Burgruine Althofen** führt. Einige Schritte weiter gelangt man auf die **alte Eichenberger Straße**, auf der man im Wald bergwärts geht. Man kann sich heute kaum mehr vorstellen, dass dieser 1896 gebaute Fahrweg bis zu Beginn der 1970er Jahre dem Autoverkehr nach Eichenberg gedient hat. Immer wieder sieht man auch Reste des noch älteren und steileren Eichenberger Saumweges. Zwischendurch gehen wir ein paar Minuten auf der heutigen Straße bis zur Abzweigung eines Sträßchens, auf dem wir zu den Berghöfen von **Ebnet** und **Fallenberg** kommen. Von Fallenberg geht man auf einem Waldweg und ab dem Wegweiser beim Trögle auf einem uralten Hohlweg weiter. Am Wiesenhang von **Juggen** führt der Weg an einem auf-

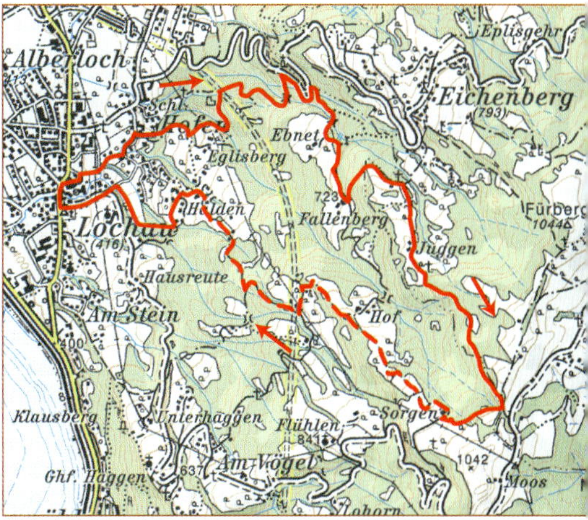

Unterwegs bieten sich immer wieder Ausblicke auf den Bodensee und die Inselstadt Lindau.

gelassenen Eichenberger Bergbauernhof vorbei und im Wald weiter bis zur Höhe des Pfänderrückens (1005 m). Auf dem viel begangenen **Pfänder-Höhenweg** sind es nur ein paar Schritte bis zu einem nach rechts abbiegenden Wirtschaftsweg, auf dem wir in knapp zehn Minuten zum Berghof **Sorgen** kommen. Während man beim Aufstieg eher die Kühle des Bergwalds statt schöner Aussicht genießen kann, ist es auf dem Rückweg ab Sorgen umgekehrt. Beim obersten Wegstück tun sich in einer reizvoll altmodisch anmutenden Idylle immer mehr Ausblicke auf den Bodensee, die Inselstadt Lindau und darüber hinaus bis zum Untersee auf. Wir folgen wiederholt historischen Bergwegen, auf denen wir durch die alten Rodungsinseln von **Hof** und **Unterlangenfluh**, dann auf einem Forstweg durch das Halderholz und auf einer Gemeindestraße durch die Hangparzelle **Halden** kommen. Im Wald unter Halden biegen wir zuletzt auf einen Fußweg ab, der uns in einer Viertelstunde über die **Schäbelereute** zum Ausgangspunkt zurückbringt.

Eine Burgruine zum Rätselraten

Was von der Burg mit dem Namen „Althofen“ im Lochauer Bergwald übrig geblieben ist, sieht recht romantisch aus. Da sind noch Reste der Umfassungsmauer mit zwei Toren und ein Teil des Bergfrieds erhalten. Die talseitigen Gemäuer sind bei Hangrutschungen in die Tiefe gestürzt. Aber was weiß man über die

Mauerreste der Burg Althofen

einstige Bedeutung dieser Burg, was über ihre Entstehung und ihre Besitzer?

Im Gebiet von Lochau sind im 13. Jahrhundert Lehensträger der Grafen von Montfort-Bregenz mit den Namen *„de Houen"* (Hofen) und *„von Lochin"* (Lochen) bekannt. Manchmal wurde behauptet, beide hätten eine eigene Burg besessen, doch eindeutig nachweisen ließ sich bisher nur die eine im Bereich (Alt-)Hofen. Könnte es sein, dass Althofen mit Burg Lochen identisch ist und als Stammsitz der Ritter von Lochen entstand? Um 1400 gelangte die Anlage durch Erbschaft in den Besitz der Herren von Raitnau. 1452 wurde sie zugleich mit der benachbarten Ruggburg auf einem Vergeltungsfeldzug oberschwäbischer Reichsstädte gestürmt und in Brand gesetzt. Aber was war der Grund für die Zerstörung? Waren die Raitnauer mit dem auf der Ruggburg hausenden Raubritter Hans von Rechberg verbündet? Wo haben die Raitnauer nach der Verwüstung der Burg und bis zum Bau ihres neuen Schlosses Hofen (Bauzeit 1585 -1616) gewohnt? Daran knüpft sich noch eine andere Frage: Wo wurde Wolf Dietrich von Raitenau 1559 geboren, der später als Erzbischof von Salzburg und Neugestalter der Residenzstadt bekannt geworden ist? Fragen wie diese könnten mit mancherlei Vermutungen beantwortet werden. Man kann sie zum Rätseln aber auch weiterhin offen lassen.

Kulturleistungen am Berg

Die Geschichte hat immer mit zweierlei Leuten zu tun: mit „Leuten von Stand" und „einfachem Volk". Wenn einer es sich leisten konnte, eine Burg zu bauen (genauer gesagt, seine leibeigenen Untertanen zu so mühsamen Bauarbeiten zu zwingen), wird die

Forschung nicht müde, nach den Namen, Daten und Taten solcher Herren zu fragen. Erst recht, wenn diese als Raubritter oder auf andere martialische Weise „interessant“ geworden sind. Aber wer berichtet von den eigentlichen Gestaltern der Kulturlandschaft?

Die Kultivierung des langgestreckten Bergrückens über dem Bodensee hat schon vor Jahrtausenden mit inselartigen Rodungen begonnen. Sie wurde vor allem im Mittelalter mit der Anlage neuer Berghöfe ausgeweitet. Daran waren auch zugezogene Walser mitbeteiligt. Die fortgesetzten Rodungen geschahen im Einvernehmen mit verschiedenen weltlichen und geistlichen Grundherren, denen die Bewohner zinspflichtig waren. Bereits im ausgehenden Mittelalter wohnten in den Hochlagen mehr Bergbauernfamilien als heute. Das ist auch bei einigen von unserer Wanderroute berührten Bergparzellen nachweisbar. Zu den im 14. Jahrhundert bestehenden Hangsiedlungen gehören zum Beispiel Ebnet (*„im Ebenöd“*), Eichenberg (*„Aichinberg“*) und Juggen. Am heute unbewohnten Hang von Juggen standen noch im 19. Jahrhundert drei Häuser. Auch Sorgen (1508 *„auf dem Sorgen“*) war zumindest ein halbes Jahrtausend hindurch ständig bewohnt.

Heute macht es Spaß, auf ausgesuchten Wanderwegen den Pfänderrücken abzugehen und die weiten Ausblicke über den Bodensee zu genießen. Das könnte vergessen lassen, mit wie vielen Mühen und Entbehrungen es in früheren Jahrhunderten verbunden war, hier als Kleinbauern von den kargen Erträgen der Viehhaltung, ein paar Äckerchen, handwerklichen Nebenbeschäftigungen und der Arbeit im steilen Bergwald zu leben. Zudem waren bei jedem Wetter und in rauen Wintermonaten lange Wege ins Tal – auch zum sonntäglichen Kirchgang – in Kauf zu nehmen. Was auf dem Bregenzer Markt verkauft oder eingekauft wurde, musste ein paar Stunden auf dem Rücken getragen werden. Was die kinderreichen Familien mit der täglichen Bergbauernarbeit und mit mehr Hunger als Kost auf sich zu nehmen hatten, war aber so alltäglich, dass es kaum jemand der Mühe wert befand, darüber etwas Schriftliches zu überliefern. Doch eben diese jahrhundertelang und bis heute unbeachtete und unbedankte Arbeit der „oafacha Lit“ hat in der kultivierten Landschaft am Bodensee ein unvergleichlich wertvolleres Erbe hinterlassen als aller Ehrgeiz der einst von ihnen ernährten Grundherren und Burgenbauer. Die kultivierte Natur hat mit den alten Gemäuern der Ruinen immerhin gemeinsam, dass solches Erbe unter vielen Mühen und Nöten entstanden ist. Das gibt beidem die Würde und Denkwürdigkeit „erlittener Schönheit“. Das bewahrt einer Landschaft auch „d' Seel vo Hoamat“, solange die innere Beziehung zu ihrer in langen Zeiten gewachsenen Eigenart mit sorgsamer Pflege bewahrt bleibt.

Erinnerungen an 1647

Der Bregenzer Haggen-Rundweg

Wegverlauf: Bregenz, Hafen (398 m, gebührenpflichtige Parkierungsmöglichkeiten in nächster Umgebung) – Altreute (690 m) – Haggen (610 m) – Seepark Klausmühle (400 m) – Bregenz, Hafen
Öffentliche Verkehrsmittel: Bahn- und Bushaltestelle Bregenz-Hafen mit Anlegestelle der Bodensee-Schifffahrtslinien
Höhenunterschied: ca. 300 m
Gehzeit: 2¼ Stunden
Einkehrmöglichkeiten: Bregenz, Oberhaggen, Haggen, Seepark

Ab dem **Bregenzer Schiffshafen** zeigen die Wegweiser den kürzesten Weg zur Pfänderbahn. Unsere Route führt jedoch an der Talstation vorbei und biegt von der Belruptstraße auf den gepflasterten Altreuteweg ab. Durch das dortige Villenviertel geht es etwas steil aufwärts zum Waldrand am **Schwedenhang**. Der Flurname erinnert daran, dass 1647 während des Dreißigjährigen Krieges schwedische Truppen über diesen Steilhang die Befestigungen der Bregenzer Klause umgangen und in die Stadt eingefallen waren. Der Anstieg zur Altreute erfolgt im schattigen Mischwald

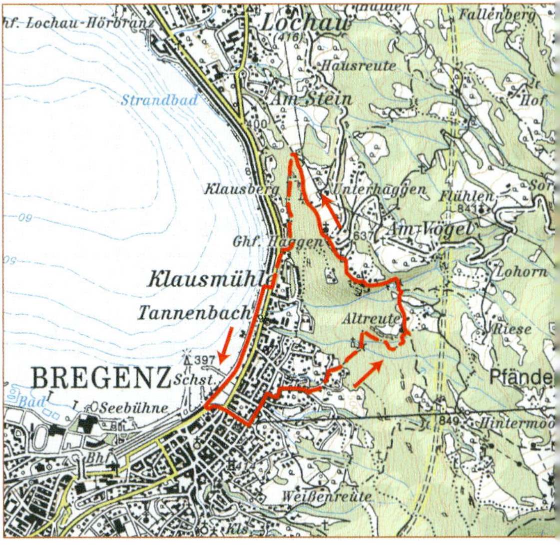

auf einem historischen Weg, auf dem die Bergbauern schon im Mittelalter auf den Bregenzer Markt und zur Kirche gingen. Je höher man kommt, desto romantischer wirkt der Bergwald in seiner urigen Natürlichkeit. Hier führt der Weg am Blockwerk von Felsstürzen vorbei. Zu solchen Felsabbrüchen ist es am Pfänderhang an vielen Stellen gekommen, wenn die Nagelfluhwände über den schneller verwitternden Sandsteinschichten überhängend geworden und abgebrochen sind.

Bei einer kleinen Kapelle am Waldrand erreichen wir die Bergwiesen der **Altreute**. Hier geht man zunächst auf einem idyllischen Feldweg eben dahin, dann fünf Minuten auf der Zufahrt der Berghöfe durch einen Schluchtwald und vorbei an einem Stauweiher und einem Wasserfall zu den Häusern von **Oberhaggen**. Von da weg überrascht die Route immer wieder mit wechselnden eindrucksvollen Ausblicken auf den Bodensee, auf Bregenz und die Schweizer Rheintalberge wie auch nach Lochau, Lindau und ins Leiblachtal. Unterhalb des Gasthauses **Haggen** wählen wir in Richtung Bregenz nicht den kürzesten Rückweg, sondern gehen weiter bis zum so genannten **Rhombergstein**, wo auch noch Schanzanlagen aus dem Dreißigjährigen Krieg zu sehen sind. Am Weg erinnern Gedenksteine an den Feldkircher Hauptmann Heltmann und an den Dornbirner Landammann Rhomberg, die hier am 4. Januar 1647 bei der Verteidigung der Schanzen gegen die schwedische Übermacht unter Feldmarschall Wrangel ihr Leben lassen mussten. Unterhalb des Rhombergsteins ist als Naturdenkmal auch noch eine mächtige, mehr als 200 Jahre alte Buche zu sehen. Dort biegen wir nach links auf einen schmaleren Weg ab, der durch einen reizvollen Mischwaldbiotop oberhalb der **Villa Grafenreuth** (bekannt durch Horst Wolfram Geisslers Ro-

Die Bregenzer Verteidigungsstellungen und der Angriff der Schweden 1647

man *Der liebe Augustin*) und der **Bregenzer Klause** zur Hauptstraße am **Seepark** führt. Nach der Überquerung von Straße und Bahntrasse ist es dem **Seeufer** entlang nur mehr ein 10-Minuten-Spaziergang bis zum Bregenzer Hafen.

Ein verlorener Krieg

Die Vorarlberger sind bei allem kämpferischen Freiheitsdrang kein kriegerisches Volk. Wenn sie von großen Kriegen mitbetroffen waren, standen sie meistens auf der Verliererseite. So auch 1647, ein Jahr vor dem Ende des Dreißigjährigen Kriegs. Damals trieb sich der schwedische Feldmarschall Gustav Wrangel mit seinem Heerhaufen in Süddeutschland herum. Auf der Suche nach einem Winterquartier suchte er sich zur Selbstbedienung Bregenz aus. Auf Seiten der Kaiserlichen hatte man die Gefahr unterschätzt und gemeint, die Vorarlberger könnten mit den Schweden allein fertig werden. Als Wrangel am 4. Januar 1647 mit etwa 8000 Mann anrückte, standen ihm an den lang gezogenen Schanzen zwischen See und Pfänder nur 2200 Mann gegenüber, und diese litten unter Hunger, Winterkälte und Munitionsmangel. Die Schweden unternahmen zuerst einen Scheinangriff gegen die gut befestigte Klause, dann konzentrierten sie aber den Hauptangriff auf die schwächer besetzten Schanzen am Haggen. Weil dort die Verteidiger aus Dornbirn und Feldkirch der Übermacht unmöglich standhalten konnten, gelang den Schweden rasch der Durchbruch. Nun stand der Eroberung von Bregenz nichts mehr im Wege. Danach tobten sich die Sieger im Land plündernd und mordend aus.

Gedenkstein für Balthasar Heltmann, einen der gefallenen Verteidiger der Bregenzer Schanzen

Von den hohen Herren, die für die unzulänglich vorbereitete Verteidigung verantwortlich waren, wollte keiner an dieser katastrophalen Niederlage schuld sein. So wurde bald einmal nach einem Sündenbock gesucht und das Gerücht verbreitet, ein Verräter habe die Schweden auf geheimen Pfaden in die Stadt geführt. Irgendwann und irgendwie ist aus diesem Gerücht die Sage vom Schatzgräber entstanden.

Blick vom Haggen auf die Bregenzer Bucht

Die Sage vom Schatzgräber

Es wird erzählt, eines Nachts habe sich ein geldgieriger Lochauer ins Lager der Schweden geschlichen und zum Feldmarschall Wrangel gesagt: „Ich hoffe, Ihr gebt mir einen guten Lohn, wenn ich euch einen Weg zeige, auf dem ihr die fast uneinnehmbar befestigte Klause am leichtesten umgehen und in Bregenz einfallen könnt." Das kam dem schwedischen Kriegsherrn gerade recht, und so geschah es, dass die Schweden die Stadt derart schnell erstürmen konnten.

Als der Halunke danach seinen Lohn verlangte, sagte ihm Wrangel grinsend: „Deinen Lohn sollst du haben. Es ist sogar ein goldenes Kegelspiel, von dem gesagt wird, dass es von den Bregenzer Grafen während des Appenzellerkriegs am Schlossberg vergraben worden ist. Du brauchst nur mit der Schaufel zum Sumpf unter der Felswand zu gehen und den Schatz heben." Also fing der Verräter wie ein Besessener dort an zu graben und zu graben. Doch bis zu seinem Lebensende war alles Schaufeln und Schwitzen umsonst. Nachdem er gestorben war, konnte man beim Sumpf um Mitternacht oft ein Licht flackern sehen. Das war die Laterne des nun als Nachtgeist immer noch hierher kommenden Verräters. Ohne Ruhe gräbt er weiter, bis die Turmuhr zwei schlägt. Dann erlischt das Licht und alles, was er ergraben hat, bricht wieder zusammen.

Alt-Bregenz

Vom Leutbühel zum Gebhardsberg

Wegverlauf: Bregenz, Zentrum Leutbühel (405 m, gebührenpflichtige Parkierungsmöglichkeiten in nächster Umgebung) – Oberstadt (430 m) – Gebhardsberg (598 m) – Landesbibliothek (455 m) – Zentrum Leutbühel
Öffentliche Verkehrsmittel: Bahnhof Bregenz als Knotenpunkt zahlreicher Bahn- und Busverbindungen
Höhenunterschied: 195 m
Gehzeit: 1½ Stunden
Einkehrmöglichkeiten: Bregenz, Gebhardsberg

Normalerweise kann sich eine Landeshauptstadt ihrer Größe und zentralen Lage rühmen oder wenigstens mit Requisiten landesfürstlicher Glanzzeiten eine Show abziehen. Aber das alles passt nicht zu Bregenz, das vor der Zeit als Festspielstadt auffallend wenig Ehrgeiz zeigte, sich mit Spektakulärem in Szene zu setzen. Im Kern blieb es bis heute „a gmüatligs Städtle". Und doch lässt sich auf einem beschaulichen Spaziergang genug „Bsundrigs" entdecken, das Neugierde auf noch mehr Überraschungen zu wecken vermag. Und das liegt nicht nur an seiner reizvollen Lage am Bodensee.

Wo heute der **Leutbühel** – der Ausgangspunkt der Wanderung – das Stadtzentrum bildet, war lange Zeit nur der vorstädtische Rand der mittelalterlichen Stadt. Im römischen **Brigantium** befand sich hier das Hafenviertel. Im Asphalt des jetzigen Platzes ist mit Metalltafeln kenntlich gemacht, wo im Untergrund die spätrömischen Hafenmauern ausgegraben worden waren.

Auf unserer Rundwanderung gehen wir zunächst durch die Maurachgasse aufwärts und betreten nach fünf Minuten durch das Stadttor den mittelalterlichen Bereich der Oberstadt.

Die Oberstadt

Die Geschichte der Oberstadt reicht in vorrömische Zeit zurück. Hier bestand schon im 4. Jahrhundert v. Chr. eine keltische Ansiedlung. Die Römerstadt Brigantium entstand jenseits des Thalbachs auf der Hangterrasse des Ölrains. Die Oberstadt wurde erst wieder in spätrömischer Zeit und vor allem unter den Alemannen und fränkischen Gaugrafen ein zentraler Ort. Der planmäßige Ausbau zur Stadt begann in der ersten Hälfte des 13. Jahrhunderts unter Graf Hugo I. von Montfort. Ab dem Spätmittelalter wurde die Stadt allmählich seewärts erweitert; ab dem 15. Jahrhundert mit dem zweiten Markt am Leutbühel, ab dem 17. Jahrhundert mit dem Kornmarkt am See.

Unweit vom Tor erhebt sich der **Martinsturm**, das Wahrzeichen der Stadt. Der untere Teil des Turms diente ursprünglich als Speicher. Um 1600 erfolgte die Aufstockung und die Krönung mit der charakteristischen Zwiebelkuppe, der größten Turmzwiebel Europas. Zwischen Tor und Turm befindet sich die St.-Martins-Kirche mit Fresken aus dem 14. und 15. Jahrhundert.

Der Spaziergang durch die Oberstadt führt auf der Graf-Wilhelm-Straße an einem hochgiebeligen Fachwerkhaus vorbei, das früher zum heute nicht mehr bestehenden alten Rathaus gehörte. Im Osten wird die Oberstadt von einem 1857 errichteten Amtsbau begrenzt, der bis 1975 als Gefängnis diente. An dieser Stelle stand zuvor die mittelalterliche Stadtburg.

Bregenzer Oberstadt mit Martinsturm

Die Wanderroute folgt annähernd der historischen Wegverbindung von der alten Stadtburg zur Feste Hohenbregenz. Sie führt auf der Mildenberggasse an mehreren bemerkenswerten Altbauten vorbei, von denen der Ansitz **Mildenberg** (Nr. 2) ab dem 16. Jahrhundert Amtshaus des Gerichtes Hofrieden war. Von der Mulde des Thalbachs zieht sich der Weg durch geschlossenen Bergwald aufwärts. Bis ins 19. Jahrhundert waren diese Hanglagen zum größten Teil unbewaldete Viehweiden, und die damaligen Spaziergänger rühmten die

Ansicht von Bregenz nach Matthäus Merian, 1643

Ausblicke auf Bregenz und den Bodensee. Diese Aussicht ist heute durch den inzwischen aufgewachsenen Mischwald genommen, dafür aber hat der Wald durch seine außergewöhnliche Vielfalt an Baumarten einen besonderen Reiz gewonnen. Beim obersten Wegweiser am Gebhardsberg queren wir bei einer uralten Buche die Zufahrtsstraße und betreten durch eine Öffnung der Befestigungsmauer den Burghof. Hier stehen wir auch schon vor der viel besuchten Wallfahrtskirche, die dem heiligen Gebhard geweiht ist.

Der **Gebhardsberg** erhielt seinen Namen erst mit den im 18. Jahrhundert aufkommenden Wallfahrten. Früher wurde der Felssporn Pfannenberg genannt. Wo vermutlich in römischer Zeit ein Wachturm gestanden hatte, wurde im Hochmittelalter von den Montforter Grafen die **Burg Hohenbregenz** errichtet. Im Dreißigjährigen Krieg fiel die Feste in die Hände der Schweden und wurde von diesen vor ihrem Abzug 1647 gesprengt. In der Ruine entstand schon 1670 eine Einsiedelei. Eine 1723 erbaute Kapelle brannte 1791 ab. Daraufhin wurde im Gemäuer des ehemaligen Palas (Herrenhaus) die jetzige **Wallfahrtskirche** errichtet. Im 19. Jahrhundert sprach es sich weit herum, dass es sich auch wegen der wunderschönen Aussicht lohnt, auf den Gebhardsberg zu gehen. Da war es leicht möglich, eine Wallfahrt zum wohl bekanntesten „Bodenseeheiligen" mit einem vergnüglichen Ausflug zu verbinden. An dem am 27. August gefeierten St.-Gebhards-Fest kamen früher tausende Pilger aus dem gesamten Bodenseeraum hierher.

Der im Jahre 949 als Sohn des Grafen Ulrich in Bregenz geborene Gebhard wurde mit 30 Jahren Bischof von Konstanz. Nach einem fruchtbaren 15-jährigen Wirken starb er am 27. August 995 in Konstanz, wo sein Leichnam in dem von ihm gegründeten Kloster Petershausen beigesetzt wurde.

Nach einem aussichtsreichen Rundgang nehmen wir für die Rückkehr in die Stadt den Weg durch den Haupteingang der Burggaststätte, gehen ein paar Schritte auf der dortigen Zufahrtsstraße bis zum Wegweiser, auf dem wir den Gebhardsberg erreicht haben. Von da spazieren wir noch ein paar Minuten auf dem Waldweg, der uns bergauf geführt hat, doch dann folgen wir dem Wegweiser in Richtung Landesbibliothek und St. Gallus. Bei der so genannten **Raczynski-Ruhe** kommen wir zum stadtnahen Waldrand. Dort sieht man auf der anderen Straßenseite die **Landesbibliothek**. Hier befand sich das schon im 14. Jahrhundert erwähnte montfortische Gut **Babenwohl**, das im Laufe der Zeit wiederholt als

Burgruine und Wallfahrtskirche Gebhardsberg

Adelssitz oder als klösterliche Niederlassung diente. 1907–1916 entstand daraus mit Zubauten das Benediktinerstift Maria-Stein (St.-Gallus-Stift), das 1941 aufgehoben wurde. Seit 1986 ist in den Gebäuden die Vorarlberger Landesbibliothek eingerichtet.

Von der Raczynski-Ruhe gelangt man auf einem Hohlweg zum lange Zeit ländlich geprägten Stadtrand von Bregenz. Bei einem Blick durch das Portal des Dominikanerinnenklosters **Marienberg** sieht man eine märchenhaft anmutende Villa, die 1875–1877 vom polnischen Grafen Raczynski erbaut worden war.

Von da sind es nur wenige Minuten zur **Pfarrkirche St. Gallus**. Die Kirche wurde im Hochmittelalter gebaut, im 14.–15. Jahrhundert mit einem spätgotischen Chor und dem markanten Turm vergrößert und 1737 im Barockstil nach Plänen von Franz Anton Beer umgestaltet.

Der Rückweg ins Stadtzentrum führt gegenüber der Oberstadt am ehemaligen **Kapuzinerkloster** (um-

Bergseitiges Tor der Burgruine auf dem Gebhardsberg

Tor der Oberstadt

gestalteter Bau von 1639) vorbei und über die jahrhundertelang als Hauptstraße dienende schmale **Kirchgasse** zum Leutbühel zurück.

Wandel der Aussichtsbilder

Der Gebhardsberg war schon immer ein bevorzugter Aussichtspunkt am Bodensee. Beim Anblick der Bodenseelandschaft und des Rheintals mit seinen „Silberbergen" überboten sich manche

Schriftsteller in ihrem Lob mit Superlativen. Der deutsche Erzähler Wilhelm Raabe pries den Gebhardsberg 1869 als einen *„Aussichtsberg von europäischer Berühmtheit“*. Schon 1822 war der Wiener Dichter Ignaz Franz Castelli von diesem „himmlischen Anblick“ so hingerissen, dass er in einem spontan verfassten Gedicht seinen Gefühlen freien Lauf ließ:

O glücklich Volk, das hier in diesen Gauen
Die ganze Welt in einem Punkt kann schauen.

Und hymnisch schließt er:

Wer dies gesehn, kann unbekümmert sterben,
Für's Auge hat er nichts mehr zu erwerben.

Man darf freilich fragen, ob sich damals auch die Einheimischen mit ihren kargen Lebensverhältnissen als ein so „glücklich Volk“ gefühlt hatten. Sie waren an die von den Besuchern so bewunderte Aussicht als an etwas Alltägliches gewöhnt und konnten als Hungerleider davon nicht satt werden. Inzwischen hat sich das ansässige Völkchen daran gewöhnt, sich auf Kosten der landschaftlichen Schönheit zu bereichern. So hat es die karge Einfachheit von einst gegen zeitgemäßen Wohlstand vertauscht. Damit sind allerdings auch die Aussichtsbilder des Gebhardsbergs auf etwas weniger bezaubernde Art „zeitgemäß“ geworden.

Bregenz in der Biedermeierzeit

Rückkehr in die Stille

Zwischen Wirtatobel und Hirschberg

Wegverlauf: Langener Straße (Bregenz-Langen, Bushaltestelle Wirtatobel (655 m, beschränkte Parkierungsmöglichkeiten im Nahbereich) – Hirschberg (1095 m) – Ahornach (960 m) – Stollen (790 m) – Wirtatobel
Öffentliche Verkehrsmittel: Buslinie 25 zur Haltestelle Langen-Wirtatobel
Höhenunterschied: 450 m
Gehzeit: 3½ Stunden (Wirtatobel – Hirschberg 2 Stunden)
Einkehrmöglichkeiten: Hirschbergalpe (Jause während der Alpzeit), Stollen

Nahe der Abzweigung der Fluher Straße von der Langener Straße biegt oberhalb der Rickenbachbrücke ein schattiges Waldsträßchen ab. Auf diesem geht man durch kühlen Schluchtwald (ideal an heißen Sommertagen!) gemächlich aufwärts. Am Weg zieht der urig natürliche **Rickenbach** mit seiner Vielzahl kleiner Wasserfälle die Aufmerksamkeit auf sich. Nach einer knappen Stunde betritt man bei **Seppeles Kreuz** eine Wiesenmulde, in der man nach rechts abbiegt und der Forststraße bis zur früheren **Dampfsäge**

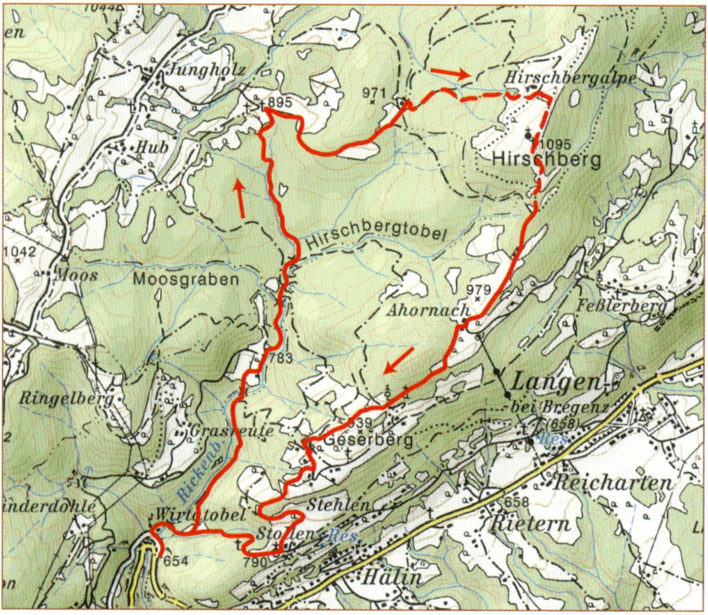

Blick vom Hirschberg ins Rheintal

folgt. Von da gelangt man auf einem Fußweg durch Bergwald zur **Hirschbergalpe** und nur wenige Minuten später zur wiesengrünen **Kuppe des Hirschbergs**. Hier beglückt neben der feierlichen Ruhe auch die Weite der Rundsicht, bei der der Blick ins allgäuische Alpenvorland und zu den Allgäuer Alpen, südwärts in den Bregenzerwald und ins Rheintal bis zu den Schweizer Bergen schweift. Eine kleine Kapelle unterhalb des Gipfelkreuzes erinnert daran, dass es in dieser Weltabgeschiedenheit einmal ein kleines Waldkloster gab.

Der Rückweg führt über den sonnseitigen Hirschberghang zu den Berggütern **Ahornach** und **Geserberg** und danach auf einer wenig befahrenen Gemeindestraße zur Parzelle **Stollen**. Beim Namen Stollen ist es naheliegend, an den einst in der Gegend betriebenen Braunkohlebergbau zu denken. Doch den Flurnamen Stollen hat es schon vor der Zeit des Bergbaus gegeben. Bei der dortigen **Fatimakapelle** zweigen wir auf einen breiten Waldweg ab, der uns im Verlauf der alten **Salzstraße** in einer Viertelstunde zum Ausgangspunkt zurückführt.

Heilige Ruhe am Hirschberg

Jede Spiritualität, die sich der Mystik nähert, setzt stille Beschaulichkeit voraus. Im Mittelalter sprach man vom Weg der Kontemplation (via contemplativa), der auch von sozial engagierten Gemeinschaften wichtig genommen wurde. Solche waren beispielsweise jene Frauengemeinschaften, die als Beginen bekannt wurden. Ihre emanzipierte und mystisch geprägte Spiritualität ohne Ordensgelübde hatte allerdings oft Argwohn geweckt und sogar zu Verfolgungen geführt. Das war wohl mit ein Grund, dass sich eine solche Schwesterngemeinschaft in die Abgeschiedenheit des Hirschbergs zurückzog. Dazu verhalf ihnen eine großzügige Stiftung von Graf Hugo von Montfort-Bregenz, dem Minnesänger. Damit der Schwesternkonvent eine legale Form bekam, erreichte der Graf 1422 die bischöfliche Zustimmung, dass sich der Konvent dem Dritten Orden des heiligen Dominikus anschließen konnte. Das Haus auf dem Hirschberg bestand aber nur wenige Jahrzehnte. Schon 1462 wurde es „vom Donnerstrahle angezündet und verbrennet". Die Schwestern bauten ihr Kloster gleich wieder auf, doch schon im folgenden Jahr ging es nach einem Blitzschlag neuerlich in Flammen auf. Nun aber wurde die Zerstörung als Zeichen des Himmels verstanden, für den Neubau einen weniger abgelegenen Standort zu suchen. So kam es 1464 zur Gründung des Dominikanerinnenklosters Hirschthal in Kennelbach.

Wer die Ruhe der Abgeschiedenheit in heiler Natur sucht, kommt aber weiterhin hierher. Das Bedürfnis, einem verlärmten Alltag zu entfliehen, ist heute sogar größer als in früheren Jahrhunderten. So werden die am Hirschberg von allen Seiten zusammenkommenden Wanderwege je länger, je mehr als Pilgerwege in die Stille geschätzt.

Die alte Salzstraße

Wie nahe der Hirschberg als Oase der Stille am Rande des betriebsamen Alltagslebens ist, war schon in früheren Zeiten spürbar, zeitweise durch den Kohlebergbau im Wirtatobel, noch früher durch den Verkehr auf der alten Salzstraße.

Vom 14. bis zum 18. Jahrhundert war Salz aus Hall das wichtigste Transportgut von Tirol in Richtung Westen. Durch Vorarlberg führten zwei Salzstraßen: die Arlbergroute nach Feldkirch und die noch mehr benützte Route über den Fernpass und den allgäuischen Alpenrand zum Bodensee, wo Bregenz und Lindau als wichtigste Umschlagplätze konkurrierten. Den Wettbewerbsvorteil hatte die meiste Zeit Lindau mit seinen besseren Verkehrsverbindungen. Daher drängte Bregenz immer wieder auf die Herstellung einer geeigneten Straße von Weiler im Allgäu über Langen und die Fluh. Der Bau dieser Fahrstraße konnte 1766 gegen die Einsprüche der Städte Lindau, Wangen, Isny und Kempten verwirklicht werden. Auch wenn die Straße für heutige Begriffe nur ein bescheidener Güterweg war, wurde ihr Bau damals für dringender er-

Verlauf der Salzstraße in Blasius Huebers Vorarlbergkarte von 1783

achtet als die Neuanlagen der Reichsstraße Bregenz – Feldkirch, die erst 1768–1771 zustande kamen. Der Bau der neuen Straße bereitete im Rotachtal keine großen Schwierigkeiten, doch zwischen Langen und Bregenz mussten Umwege mit erheblichen Steigungen in Kauf genommen werden, um felsigem Steilgelände auszuweichen. Das war für die Fuhrleute beim Überqueren der Bergschultern des Stollen und der Fluh oft ein ärgerliches Problem. Erst nach dem Bau der tiefer liegenden Langener Straße (1880–1903) konnte auf die Benützung der Steilstrecken des Stollen und der Fluh verzichtet werden.

Kohlenbergbau im Wirtatobel

Zu Beginn des 19. Jahrhunderts wurde man im Wirtatobel auf das Vorhandensein von Braunkohlevorkommen aufmerksam. Für den Abbau wurden ab 1840 die ersten Stollen ausgebrochen, doch erst in den 1870er Jahren kam der Bergbau voll in Schwung. Es entsprach den hochgespannten Erwartungen, dass ein durchgehender Transportstollen vom Wirtatobel bis in die Nähe des Bregenzer Hafens in Betrieb genommen wurde. In der besten Zeit wurden jährlich mit bis zu 300 Arbeitern an die 1000 Waggon Braunkohle abgebaut. Die weit verzweigten Stollen erreichten mit der Zeit eine Gesamtlänge von etwa sechs Kilometern. Die Hoffnungen auf einen rentablen Bergwerksbetrieb erfüllten sich allerdings nicht. Am meisten gefragt war die Braunkohle in den Notjahren der Kriegs-

Grubenbahn am Stollenausgang im Wirtatobel zwischen 1870 und 1880

und Nachkriegszeit. Nach dem Ersten Weltkrieg wurde zum Abtransport eine 1,9 Kilometer lange Materialseilbahn vom Wirtatobel zur Station Langen-Buch der Bregenzerwaldbahn gebaut. Nach dem Zweiten Weltkrieg waren in den Stollen zeitweise über 150 Mann – vorwiegend inhaftierte ehemalige Nationalsozialisten – beschäftigt, die eine durchschnittliche Tagesförderung von 35 Tonnen zuwege brachten. Damit ging der Abbau aber bereits dem Ende entgegen. 1948 wurde das unrentable Bergwerk geschlossen.

Die Wallfahrtskapelle am Stollen

In der Parzelle Stollen bestand schon seit 1932 eine kleine Kapelle, deren Bau bei einem familiären Anliegen der dortigen Bauernfamilie gelobt worden war. Als Bregenz gegen Ende des Zweiten Weltkriegs wachsenden Zerstörungsgefahren ausgesetzt war, gelobten die Stadtpfarreien den Bau einer neuen, größeren Kapelle „am Stollen“, wenn sie von vernichtenden Verwüstungen verschont bleiben. Obwohl das Kriegsende auch für Bregenz nicht ohne Zerstörungen blieb, war man froh, dass es nicht noch ärger gekommen war. So wurde am Stollen 1951 die Fatimakapelle erbaut und eingeweiht.

Über Sulz zum Sulzberg

Landschaftspoesie im Vorderwald

Wegverlauf: Doren (709 m, Parkplatz an der Straße unter der Kirche) – Sulz (808 m) – Hochstadel (900 m) – Stockreute (965 m) – Sulzberg (1013 m) – Oberköhler (985 m) – Stockreute – Hüttersberg (870 m) – Doren
Öffentliche Verkehrsmittel: Buslinie 25 zur Haltestelle Doren, Gh. Adler/Löwen. Man kann die Wanderung auch auf einen genüsslichen Bergab-Höhenbummel beschränken, indem man mit dem Bus (Linie 28) von Doren nach Sulzberg-Dorfplatz fährt.
Höhenunterschied: 310 m
Gehzeit: 3¾ Stunden (bergauf 2 Stunden, bergab 1¾ Stunden)
Einkehrmöglichkeiten: Doren, Sulzberg

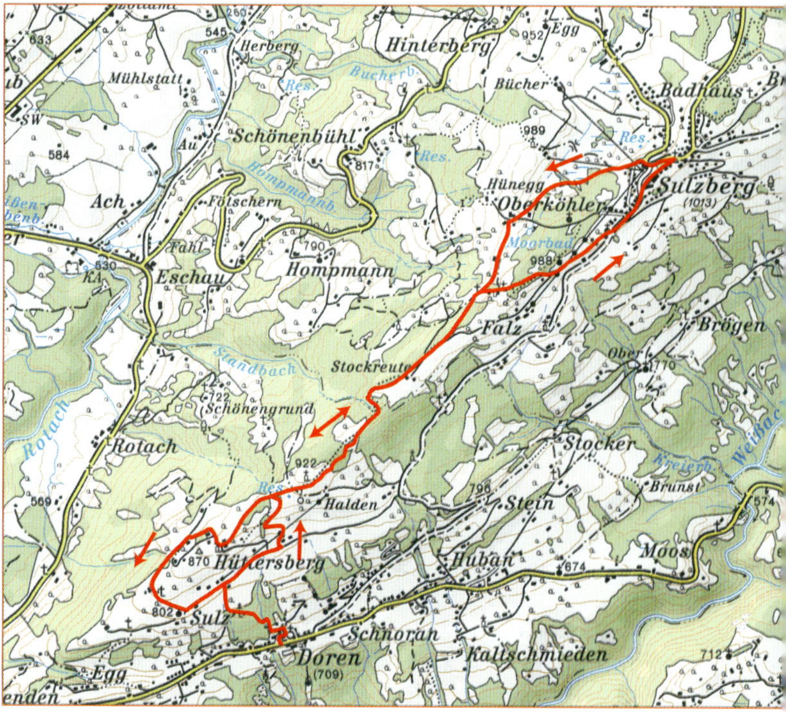

In **Doren** führt die Route vom Ortskern an der Pfarrkirche vorbei auf kurzem Wege aus dem Dorf und auf einem alten Hohlweg durch Bergwald auf die breite Wiesenterrasse der Parzelle **Sulz**. Bei der dortigen Wegteilung geht man zunächst nach rechts fünf

Minuten auf einem Fahrweg, bis ein Wegweiser die Abzweigung auf den zum Aussichtspunkt **Hochstadel** ansteigenden Wiesenpfad anzeigt. Hier öffnet sich dem Blick ins Tal die Weite des nördlichen Bregenzerwaldes. Beim Weitergehen auf dem Sulzbergrücken wechseln Wald- und Wiesenwege. Bei jeder Lichtung tut sich ein anderer Ausblick auf. Ab **Stockreute** wird der Höhenweg breiter, bis er schließlich zum Fahrweg wird. Bei der ersten Gabelung des Fahrwegs halten wir uns nach rechts und gehen über einen niedrigen Waldsattel zur **Falzkapelle**. Von da ist das letzte Wegstück auf der Straße – vorbei an der **St.-Leonhards-Kapelle**, einer alten Wallfahrtskapelle – ein kurzer Spaziergang zur Ortsmitte von Sulzberg.

Sulzberg hat als einzige Gemeinde Vorarlbergs die Besonderheit, dass ihr Mittelpunkt mit Dorfplatz, Pfarrkirche und Gasthäusern auf einer über 1000 m ü. M. hohen Bergkuppe liegt. Der Dorfplatz ist berühmt für sein **Aussichtspanorama**, bei dem sich zwischen dem allgäuischen Alpenvorland und dem Rheintal die landschaftliche Vielfalt des Bregenzerwalds präsentiert.

Nahe der Kirche führt der Weg durch einen Lindenhain. Bei einer etwa 30 Meter hohen Linde steht in dem zum Teil hohlen Stamm seit 1916 eine kleine Marienstatue. Daher der Name **Marienlinde**. Der Baum ist mehrere hundert Jahre alt und könnte vor der 1806 erfolgten Auflösung des Gerichtes Sulzberg vielleicht noch als Gerichtslinde gedient haben. Die jetzige **Sulzberger Pfarrkirche** hatte zwei Vorgängerkirchen, eine kleine romanische und eine größere gotische. Das heutige Gotteshaus wurde 1828/1829 nach Plänen von Alois Negrelli unter Einbeziehung erhaltenswerter älterer Bauteile im Empirestil erbaut und 1988–1991 kunstvoll renoviert.

Für den Rückweg folgen wir ab der Straßenkurve unterhalb der Kirche dem Wegweiser in Richtung **Oberköhler**. Hier führt der Weg zunächst durch eine Mulde mit einem reizvollen Moorbiotop. Von den Einzelhöfen in Oberköhler erreichen wir nach einem Spaziergang auf einem fast ebenen Güterweg wieder den Anstiegsweg, auf dem wir nach Hochstadel kommen. Nun weichen wir aber nochmals von der Bergaufroute ab, indem wir den Weg über **Hüttersberg** nehmen. Er ist zwar ein paar Minuten länger, erfreut aber durch die größere Weite der Aussicht. Von da kehren wir wieder über Sulz nach Doren zurück.

Der Weg auf dem Sulzbergrücken bietet wechselnde Ausblicke in den Bregenzerwald.

Urweg – Kulturweg – Erlebnisweg

Die Geschichte der Bregenzerwälder Verkehrserschließung begann meistens damit, dass schon in vorgeschichtlichen Zeiten Jäger die Waldwildnis durchstreift hatten, wobei aus öfter begangenen Routen allmählich ausgetretene Pfade wurden. Da und dort entstanden Unterstände und Jagdhütten. Zur Unterscheidung der Urwaldpfade und Stützpunkte fing man an, allerlei Örtlichkeiten Namen zu geben. Im Vorderen Bregenzerwald war im Hochmittelalter Sulz, heute eine kleine Parzelle oberhalb des Dorfes Doren, einer dieser Namen. Die Dorener Hangterrassen gehörten auch zu den frühesten Ansatzpunkten der Rodung. Hier hatten Jungbauern aus dem Rheintal und Allgäu den Mut, sich auf Dauer niederzulassen. Schon früh wurde von den Zugewanderten auch der Berg über Sulz – der Sulzberg – als Alpe genutzt. Die Siedlungspioniere waren klug genug, die Verbindungswege zwischen den Rodungsinseln dort zu suchen, wo man Tobeln, Sümpfen und übersteilem Gelände am besten ausweichen konnte. Das war auf sanften Bergrücken am leichtesten möglich. Kaum waren die neuen Chancen der Landnutzung entdeckt, beeilten sich weltliche und geistliche Grundherren – allen voran der Graf von Bregenz und das Kloster Mehrerau –, die Kultivierung systematisch anzugehen und daraus auch einen Zinsnutzen zu gewinnen. Dabei wurden zur nötigen „Raumordnung" geeignete Strukturen mit einem eigenen Gericht Sulzberg geschaffen. Für den Bau einer Kirche wählte man als zentralen Punkt die Bergkuppe, wo sternförmig Wege von allen Seiten zusammenkamen.

Jahrhundertelang war es normal, dass die meisten Leute von Doren über Sulz, Hochstadel und Stockreute bei jedem Wetter nach Sulzberg zur Kirche gingen und dabei im Winter oft durch kniehohen Schnee stapfen mussten. Mit der Zeit empfanden es die Dorener Bergbauern aber doch als Zumutung, in allen gemeindlichen und kirchlichen Angelegenheiten zwei- bis vierstündige Fußmärsche auf sich zu nehmen. Doch erst nach langem Drängen erreichten sie, dass sich Doren 1847 als selbständige Gemeinde und 1853 als eigene Pfarrei mit einer 1823–1826 erbauten Kirche von Sulzberg ablösen konnte.

Damit verlor die alte Wegverbindung ihre frühere Bedeutung. Seit die Bevölkerung schließlich mit Motorfahrzeugen auf Asphaltstraßen mobil geworden ist, mochten manche meinen, dass die aus anderen Zeiten übrig gebliebenen Fußwege überhaupt überflüssig geworden seien. Andere bemerkten hingegen, dass sie als Ausgleich zu einem beschleunigten Alltagsleben wenigstens in der Freizeit eine erholsame „Entschleunigung" nötig haben. Wo in einer neuen Freizeitkultur ein Harmonieren von Körper, Seele und Geist gefragt ist, werden zum Wandern die alten Kulturwege wieder besonders geschätzt. So war es durchaus pas-

Feldweg zwischen der Moorlandschaft von Oberköhler und dem Dorf Sulzberg

send, dass die Sulzberger und Dorener 1998 zur Einweihung der als Wanderweg erneuerten Wegverbindung gemeinsam ein fröhliches Fest feierten.

Zwischen „Wold“ und Allgäu

Wer gewohnt ist, von „typisch wälderisch“ zu reden, kommt im Vorderwald leicht in Verlegenheit. Man sieht es schon der Landschaft an, wie verschieden Vorder- und Hinterwald sind. Im Hinterwald imponiert kalkalpines Hochgebirge. Dagegen bestimmen nördlich der Subersach deutlich niedrigere Höhenrücken das Bild. Dabei hat das kuppige Gelände mit seinen sanften Formen und dem Wechsel von heiterem Wiesengrün und dem herben Olivgrün der Berg- und Tobelwälder etwas Reizvolles an sich. Das abwechslungsreiche Bild der Kulturlandschaft ist ebenfalls anders als im oberen Talgebiet der Bregenzerach.

Das hat auch geschichtliche Gründe. Nachdem die Montforter Grafen 1340 den Bregenzerwald südlich der Subersach der Herrschaft Feldkirch und das nördliche Gebiet den Grafen von Montfort-Tettnang (später Bregenz) zugeteilt und die Hinterwälder bald auch die Freiheiten der Feldkircher erhalten hatten, sind sich die Vorderwälder manchmal benachteiligt vorgekommen. Sie besaßen nicht einmal ein ähnlich zusammenhängendes Verwaltungsgebiet. So bildete Sulzberg mit Doren, Riefensberg und Oberlangenegg ein eigenes Gericht, umgeben von den gesonderten Gerichtsorten Alberschwende, Lingenau und Simmerberg. Die Vorderwälder waren freilich findig genug, den fehlenden äußeren Zusammenhang für mehr individuelle Freiheiten zu nutzen. Das sieht man schon der aufgesplitterten Bebauung an. Das Wohnen und Wirtschaften auf Einzelhöfen geht zwar auf die mittelalterliche Streubesiedlung zurück, sie wurde im 18. Jahrhundert durch die „Vereinödung“ aber noch stärker ausgeprägt. Diese hatte nach allgäuischem Muster zum Ziel, den Grundbesitz so zu ordnen, dass jeder Hof über kompakt zusammenhängende Güter verfügt. Auf diese Art konnten zwar keine größeren Dörfer entstehen, dafür hatte jeder Einzelhof bessere Voraussetzungen zum Wirtschaften. Dazu passt, dass die Vorderwälder Bauweise jener im Allgäu viel ähnlicher ist als dem typischen Wälderhaus. Die Nähe der allgäuischen Nachbarschaft ist zudem in mancherlei anderen Eigenarten nicht zu übersehen. Die Vorderwälder können auch in der Redeweise den allgäuisch-schwäbischen Einschlag nicht verbergen. Während die Hinterwälder „im Wold dahoam“ (im Wald daheim) sind, sind die Vorderwälder mit Freude an ihrer etwas anderen Eigenart „im Waud dahuim“.

Zum Hochmoor am Kojen

Der Riefensberger Schollenstecherweg

Wegverlauf: Riefensberg, Ortsmitte (775 m, Parkierungsmöglichkeiten) – Elmauen (1030 m) – Moosalpe (1250 m) – Kojenstein (Aussichtspunkt, 1300 m) – Riefensberg
Öffentliche Verkehrsmittel: Buslinien 29 und 30 zur Haltestelle Riefensberg-Postamt
Höhenunterschied: ca. 600 m
Gehzeit: 4 Stunden (Riefensberg – Moosalpe 1¾ Stunden)
Einkehrmöglichkeiten: Riefensberg, Moosalpe

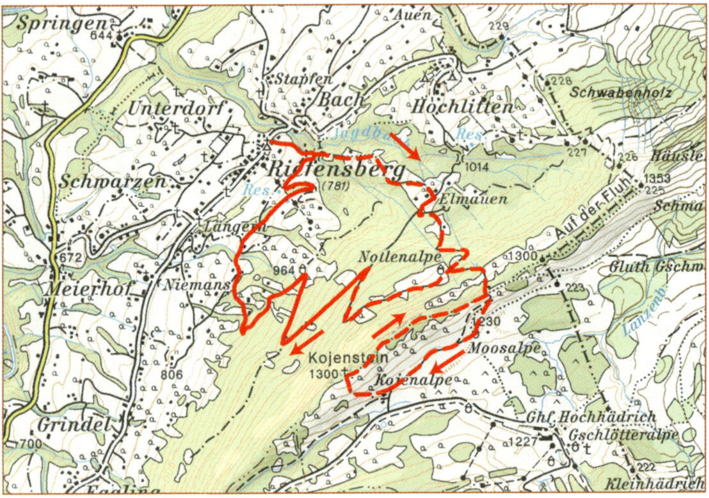

Riefensberg im Weißachtal – 1249 mit dem Namen „Rivinsberc" erwähnt, im Volksmund „Rüfoschberg" genannt – ist einer der Schwerpunkte der Vorderwälder Vieh- und Milchwirtschaft. Daneben haben sich die Einheimischen immer auch um andere Erwerbsquellen umgesehen. Solche gab es früher besonders durch die Lage am „Wälder Salzweg" mit engen Beziehungen ins benachbarte Oberallgäu. Über längere Zeit bot der Torfabbau im Kojenmoos willkommene Verdienstmöglichkeiten. Die Zeiten haben sich jedoch gewandelt. Heute wird Riefensberg als gemütliches Erholungsgebiet geschätzt.

Vom Riefensberger Ortskern zweigt hinter der Pfarrkirche ein bergwärts führender Fahrweg ab. Von diesem wechselt man am Wald-

Der Weg durch das Steinerne Tor

rand auf einen alten Karrenweg, der teils im Wald, teils über Bergwiesen zur Parzelle **Elmauen** führt. Hier verläuft die Route auf einer der uralten Wegverbindungen zwischen dem Dorf und den darüberliegenden Berghöfen und Alpen. Der Weg ist schon vor mehr als einem Jahrhundert zum Karrenweg ausgebaut worden, als man begann, im Kojenmoos in größerem Umfang Torf abzubauen.

In Elmauen geht man ein paar Schritte auf einem Bergsträßchen bis zu einem Wegweiser, der nach links die Fortsetzung des Karrenwegs zeigt. Dieser durchgehend etwas steile Weg führt zunächst zur **Nollenalpe** und von dort in einer Viertelstunde zum **Steinernen Tor**. Bei diesem ist der langgestreckte Felskamm der Fluh zur Herstellung des Weges durchbrochen worden. Vom Steinernen Tor hat man bereits einen guten Überblick über die Moorlandschaft im obersten **Lanzenbachtal**. Auf der gegenüberliegenden Seite wird das Hochtal von der allgäuischen Nagelfluhkette mit dem Hochhäderich überragt. Am nahen **Kojenmoos** sieht man die **Moosalpe**, zu der man schon nach kurzem Abwärtsgehen kommt. Von der Moosalpe spaziert man am Rande der Moorlandschaft auf einem Fahrweg bis zu einer kleinen Häusergruppe, von der man über Alpweiden in wenigen Minuten zum Aussichtspunkt **Kojenstein** gelangt. Hier bieten sich Ausblicke über die bucklige Welt des Vorderen Bregenzerwaldes zum Rheintal und benachbarten Allgäu hin.

Für den Rückweg folgt man auf dem Höhenrücken der Fluh einem Waldpfad bis zum Steinernen Tor und benützt bis zur **Nollenalpe** den gleichen Weg wie beim Aufwärtsgehen. Dann wechselt man auf einen Fahrweg heutiger Bauart, der wesentlich weniger steil angelegt ist als der Karrenweg der Torfschollenstecher. Er führt zumeist durch Bergwald, gewährt bei Lichtungen aber auch schöne Ausblicke ins Weißachtal, zum Sulzbergrücken und zum Teil bis ins Rheintal. Beim ersten Bauernhaus unterhalb des Bergwaldes zweigt vom Fahrweg nach rechts ein Fußweg ab. Auf diesem gehen wir bis zur Parzelle **Esch**. Dort bietet ein Wegweiser die Wahl, entweder auf der Straße oder auf einem Fußweg zum Ausgangspunkt zurückzukehren. Im zweiten Fall lohnt es sich, noch ein kleines Stück aufwärts zu den Wiesen der **Dorferhöhe** zu gehen. So lässt sich die Rundwanderung mit einem genüsslichen Spaziergang über eine aussichtsreiche Hangterrasse beschließen.

Das Hochmoor im Kojenmoos heute

Fortlebende Urlandschaft im Kojenmoos

Hochmoore haben buchstäblich etwas Urwüchsiges an sich. Ihre Entstehung reicht oft bis in vorgeschichtliche Zeiten zurück. Zwischen den Felskämmen der Fluh und des Hochhäderich fanden schon die Steinzeitjäger ein sumpfiges Hochtal vor. Die Moorbildung setzte bereits in der späten Eiszeit ein, weil in der flachen

Mulde für einen Teil des Niederschlagswassers ein Abfluss fehlt. Da hier aber die Entstehungsbedingungen oft auf kurze Distanzen wechselten, entwickelte sich mit der Zeit eine außerordentlich reichhaltige Moorlandschaft. Dabei entstanden in manchen Bereichen auch beachtliche Torfvorkommen.

Die Torfbildung setzt voraus, dass sich die abgestorbenen Pflanzen bei kühler Nässe nur langsam zersetzen. Die auf diesen Überresten wachsenden Torfmoose können in Jahrtausenden so viel Pflanzenmasse zusetzen, dass der Torfkörper eine Mächtigkeit von mehreren Metern erreicht. Wo beim Höherwachsen der Zusammenhang mit dem Muttergestein verloren geht, entstehen Hochmoore, bei denen die Pflanzendecke mit dem mineralstoffarmen Regenwasser auskommen muss. Beim Kojenmoos sprechen Ökologen von einem der schönsten Moorbiotope Vorarlbergs. Obschon es in den Randbereichen durch mancherlei Nutzungen verändert worden ist, ist es im Moorschutzkatalog als „von nationaler Bedeutung“ eingestuft.

Torfabbau und Naturschutz

In Zeiten, in denen sich die Bevölkerung hauptsächlich von der eigenen Landwirtschaft ernähren musste und intakte Moorlandschaften noch kein „knappes Gut“ waren, hatte niemand etwas dagegen, das Kojenmoos wirtschaftlich nutzbar zu machen. Es lieferte zwar kein Viehfutter, dafür aber Torf, der im Stall als Einstreumittel sehr geschätzt war. Der Torf wurde in länglichen Schollen gestochen, auf Gerüsten getrocknet und nach dem Zerkleinern in Ballen gepresst. Um den Abtransport zu erleichtern, wurde zuerst der alte Viehtriebweg über Elmauen als Karrenweg ausgebaut. In den Notjahren nach dem Ersten Weltkrieg hielt man eine noch intensivere Torfnutzung für notwendig. Dazu wurde 1925 eine Materialseilbahn vom Dorf über den Fluhkamm zur Moosalpe gebaut. Im Gelände erfolgte der Transport der getrockneten „Torfwasen“ ins Werk mit Rollwagen auf Gleisanlagen. Mit dem Torfstechen und dem rascheren Abtransport der Ballen wurde nicht nur die Streuebeschaffung erleichtert, im Torfwerk fanden auch etliche Riefensberger einen Nebenverdienst. Gesamthaft hat sich der Reinertrag allerdings in eher engen Grenzen gehalten. Mit der Zeit lohnte sich der Torfabbau überhaupt nicht mehr, sodass er 1963 eingestellt wurde. Zwei Jahre später war vom Torfwerk nur mehr eine Brandruine zu sehen. Nach der Erschließung des Gebiets mit einer Fahrstraße zu den Hochhäderich-Liften wurde 1975 auch die Materialseilbahn überflüssig. Inzwischen ist fast alles aus der Landschaft verschwunden, was

Torfabbau im Kojenmoos um 1950

zum Torfwerk gehört hatte. Heute braucht es bereits einen guten Blick, um noch Spuren des einstigen Schollenstechens zu erkennen. Dafür hat die scheinbar nutzlos gewordene Moorlandschaft so sehr an Schutzwürdigkeit gewonnen, dass sie 1978 unter Naturschutz gestellt wurde.

Wenn ein Landschaftsbild durch technische Eingriffe einen verunstalteten Eindruck macht, mag man manchmal vorschnell dazu neigen, eine solche Gegend als für immer ruiniert zu betrachten. Man könnte sich bei einem solchen Eindruck aber auch an das Torfwerk im Kojenmoos erinnern, das noch vor wenigen Jahrzehnten ein auffälliger „Schönheitsfehler" war und von dem jetzt kaum noch etwas zu sehen ist. Freilich gibt es auch andere Landschaftswunden, die nicht so schnell zu heilen vermögen. Doch solange eine Landschaft nicht als „kaputt" aufgegeben wird, ist sie nicht auf Dauer verloren.

Ein Heilweg für Leib und Seele

Über die Ingrüne nach Bildstein

Wegverlauf: Schwarzach, Ortsmitte (435 m, beschränkte Parkierungsmöglichkeiten) – Ingrüne (578 m) – Bildstein (656 m) – Obertellenmoos (520 m) – Schwarzach
Öffentliche Verkehrsmittel: Mehrere Buslinien zur Haltestelle Schwarzach-Kirche
Höhenunterschied: 220 m
Gehzeit: 1¾ Stunden (bergauf 1 Stunde)
Einkehrmöglichkeiten: Schwarzach, Bildstein

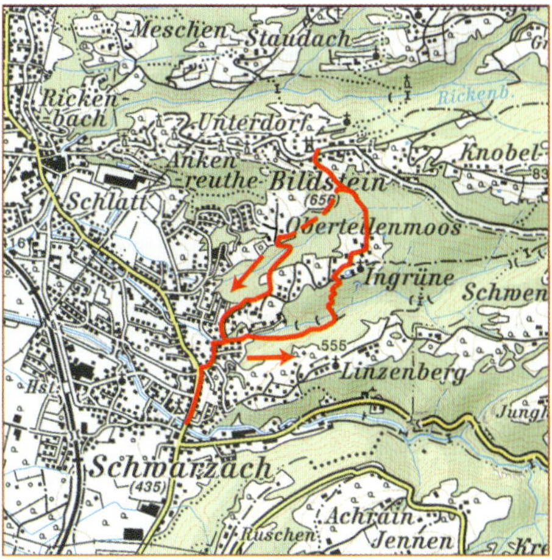

Von der neugotischen Pfarrkirche in **Schwarzach** geht man zunächst etwa 200 Meter auf der Hofsteigstraße in Richtung Wolfurt, danach auf der rechts abzweigenden Bildsteiner Straße ein kurzes Stück aufwärts bis zu einem Wegweiser am Ausgang des Eulentobels. Nun spazieren wir im **Eulentobel** am Spielplatz vorbei und auf einem Forstweg dem Bach entlang bis zu einem Steg, über den wir nach links abbiegen. Vom Steg führt im steilen Bergwald ein guter Fußweg mit Treppen – es ist der von Pionieren des Bundesheeres 1979 gebaute Hermann-Böhler-Weg – zum Blindenheim im Weiler **Ingrüne**. Beim Weitergehen auf der dortigen Gemeindestraße sieht man vor dem Waldrand ob der Straße ein behäbiges vierstöckiges Haus. Dieses Gebäude war noch zu Beginn des 20. Jahrhunderts ein als Bad Ingrüne weitum bekanntes Kurhaus. Von da kommt man nach einem kurzen Gang durch ein Waldtobel und über eine aussichtsreiche Bergwiese in einer Viertelstunde zur **Wallfahrtskirche Maria Bildstein**. Dieses Pilgerziel wie auch die Ausblicke ins Rheintal und zum Bodensee laden immer zum Verweilen ein.

Für den Rückweg nach Schwarzach gehen wir von der Kirche zuerst wie beim Herweg auf der Straße in Richtung Ingrüne, biegen aber schon nach fünf Minuten nach rechts auf einen weiß-rot-weiß markierten Waldweg ab. Er ist ein früherer **Prozessionsweg**, bei dem zum Teil noch alte Steinpflästerungen erhalten sind. Nach dem Abstieg durch den Wald erreicht man die Wiesen von **Obertellenmoos** und die Zufahrt zu dieser Bergparzelle. Auf der wenig befahrenen Straße ist es ein gemütlicher 20-Minuten-Spaziergang zurück zum Ausgangspunkt.

Bad Ingrüne

Was man heute unter ganzheitlichem Kurieren versteht, ist nichts Neues. Schon in der Antike kannte man einen Kurtourismus, der auf die Harmonie von Körper, Geist und Seele abzielte. Diesem Zweck dienten seit Jahrhunderten auch hierzulande mehrere Bade- und Wallfahrtsorte. Am Wiesenhang oberhalb von Schwarzach fand man beiderlei Ziele in nächster Nähe: das Bad Ingrüne und den Wallfahrtsort Maria Bildstein.

Werbung für das Bad Ingrüne gegen Ende des 19. Jahrhunderts

Wallfahrtskirche Maria Bildstein

Das Bad bestand schon vor dem Bau der Wallfahrtskirche. Bereits 1549 ist ein Badwirt *„auf der Badhüttin in Eingrüene“* erwähnt. Man darf zwar bezweifeln, dass das eisenhaltige Wasser der Ingrüne tatsächlich so heilkräftig war, wie früher behauptet wurde, doch der Badebetrieb wurde mit wechselndem Erfolg ein halbes Jahrtausend aufrechterhalten. Im größeren Umkreis wurde die Ingrüne aber erst in der zweiten Hälfte des 19. Jahrhunderts mit dem vom Wirt Gmeiner erbauten Kurhaus bekannt. Zur jährlichen Eröffnung des Sommerbetriebs ließ es die Besitzerfamilie auch an der nötigen Werbung nicht fehlen. So war von der nun als *„Luft-Cur- u. Badeort“* gerühmten Ingrüne 1886 in einer Zeitung zu lesen: *„Derselbe liegt eine halbe Stunde vom Bahnhofe Schwarzach entfernt, bietet herrliche Aussicht ins Rheinthal und Schweizerberge, gesunde, reine Luft, angenehme Spaziergänge, Tannenwald zunächst am Wohnhaus. Das Bad dient gegen Rheumatismus, Glieder- u. Frauenkrankheiten, Magenleiden. Kann als Curort zur Erholung aller Art bestens empfohlen werden.* (...) *Kranke werden mittelst Senfte oder Fuhrwerk herauf gebracht.“*

Natürlich trug die Nähe des Wallfahrtsortes Maria Bildstein viel dazu bei, das Bad Ingrüne als Kurort zu empfehlen. Denn neben den früher wie heute käuflichen Wellness-Tröstungen gehörten zu einer umfassend heilkräftigen „Sommerfrische“ auch stärkende Erfahrungen der Himmelsnähe.

Wie aus einem Bildstöckle am Wegrand ein Wallfahrtsort wurde

In rauen Zeiten könnte man manchmal meinen, es gäbe nur noch Not und Elend auf der Welt. So war es zum Beispiel zwischen 1620 und 1650. Da bekamen die Vorarlberger so ziemlich alles zu spüren, was das Lachen vergehen ließ: Pestjahre, die in manchen Orten der halben Bevölkerung das Leben kosteten, dazu Hungerjahre nach Missernten und Viehseuchen. Im Dreißigjährigen Krieg hausten 1647 die Schweden mit Mord und Totschlag, Plünderungen und Brandschatzungen im Lande. In der ärgsten Not blieb

Andachtsbildchen um 1890

nur noch die Hoffnung auf Hilfe des Himmels. Und da empfand man im Vorarlberger Unterland und im benachbarten Bodenseegebiet das Fehlen eines mit Rankweil vergleichbaren Wallfahrtsortes mehr als sonst als Mangel.

In dieser Zeit kam es immer öfter vor, dass Hilfesuchende zum Steußberg – so hießen die Hanglagen oberhalb von Schwarzach und Wolfurt – pilgerten, um bei einem kleinen Bildstock mit einer Marienstatue zu beten. Dieses aus dem Spätmittelalter stammende *„unser frawen Bildtlin"* war durch eine hölzerne Überdachung geschützt und befand sich beim Hof des Bauern Gallus Höfle am Weg oberhalb von Rickenbach. Die Zunahme der Wallfahrten bewogen Höfle dazu, auf seinem höher gelegenen Ackergrundstück am Platz der heutigen Kirche eine neue hölzerne Kapelle zu errichten. Sein Sohn Georg Höfle gelobte im Pestjahr 1629, *„ain gemauert Capell zu bawen"*. An dieses Versprechen wurde er wieder erinnert, als ihm seine Söhne von einer Marienerscheinung erzählten. Daraufhin fing er mit dem Bauen zwar an, doch die Fertigstellung brachte nach seinem frühen Tod erst seine Frau Magdalena zuwege. Um 1650 fühlte sich ihr Sohn Martin Höfle durch einen Auftrag des Himmels gedrängt, den Bau einer größeren Kirche anzugehen. Dank der immer zahlreicher werdenden Wallfahrer fanden sich bald auch genügend Spender, die es unter geistlicher Regie möglich machten, den Bregenzer Barockbaumeister Michael Kuen mit dem Bau der neuen Wallfahrtskirche zu beauftragen. 1676 konnte die doppeltürmige Barockkirche eingeweiht werden.

Mit dem Aufblühen der Wallfahrten war der Ort inzwischen so bekannt geworden, dass die Bezeichnung Bildstein für den Bildstock als Ortsname gebräuchlich wurde. Die zunehmende Bedeutung als Wallfahrtsort hinderte den Konstanzer Bischof freilich nicht daran, die Bildsteiner noch lange auf die Einrichtung einer eigenen pfarrlichen Seelsorge warten zu lassen. Erst 1792 wurde Bildstein eine von Wolfurt unabhängige Pfarrei und 1806 eine eigene Gemeinde. Die dortigen Kleinbauern waren zwar auch danach noch lange arme „Bergler", doch die Wallfahrt hatte ihnen immerhin zu manchen zusätzlichen Verdienstmöglichkeiten verholfen. In der ersten Hälfte des 19. Jahrhunderts standen am Berg für die Bewirtung der vielen Pilger bis zu neun Gasthöfe zur Verfügung.

Urweg Lorena

Die älteste Pforte des Bregenzerwalds

Wegverlauf: Alberschwende, Dorfplatz (720 m, Parkierungsmöglichkeiten) – Lorenapass (1045 m) – Maien (810 m) – Egg (561 m)
Öffentliche Verkehrsmittel: Mehrere Busverbindungen zu den Haltestellen Alberschwende-Dorfplatz und Egg-Postamt
Höhenunterschied: insgesamt 530 m
Gehzeit: 3 Stunden (Alberschwende – Lorena 1¼ Stunden)
Einkehrmöglichkeiten: Alberschwende, Egg

Alberschwende
Der Gebirgssattel von Alberschwende ist seit jeher die Hauptpforte des Bregenzerwaldes. Die Wegführungen haben sich allerdings wiederholt geändert. Der wohl älteste Pfad führte von Wolfurt über den Bergrücken ob Bildstein hierher und über den Lorenapass weiter nach Schwarzenberg. Der Ortskernname Hof erinnert an einen hier schon im 11. Jahrhundert bestehenden Herrenhof, den Graf Rudolf von Bregenz um 1110 dem Kloster Mehrerau geschenkt hatte und der erstmals in einer Urkunde von 1227 mit dem Namen „Albrichswendi" erwähnt wurde. Als erster Ort im Bregenzerwald hatte Alberschwende schon im Hochmittelalter eine eigene Seelsorge. Daran erinnern auch die Legenden, die sich um den hier wirkenden Mehrerauer Priester Merbod und seinen Tod im Jahre 1120 ranken. Bis 1806 hatte Alberschwende auch sein eigenes Gericht, das unter der Dorflinde tagte. Die mächtige Linde auf dem Kirchplatz ist in Vorarlberg wohl der einzige Dorfbaum, der seit dem Mittelalter mehr als ein halbes Jahrtausend Geschichte überlebt hat.

Wenn wir die Wegweiser im Ortszentrum von Alberschwende-Hof beachten, gelangen wir rasch auf ein bergwärts führendes Sträßchen, auf dem wir in knapp zehn Minuten den Waldrand und dort den Lorenaweg in seiner historischen Anlage erreichen. Für einen so alten Weg ist typisch, dass er ziemlich zielstrebig, daher auch etwas steiler als heutige Fußwege verläuft. Ab den Höfen der Bergparzelle **Greban** ist der alte Lorenaweg durch einen asphaltierten Güterweg mit geringerer Steigung ersetzt. Der bereits gewonnenen Höhe verdanken wir Ausblicke ins untere Rheintal zum Bodensee und zwischen Pfänder- und Sulzbergrücken durchs Rotachtal ins Allgäu. Von Greban bis zum be-

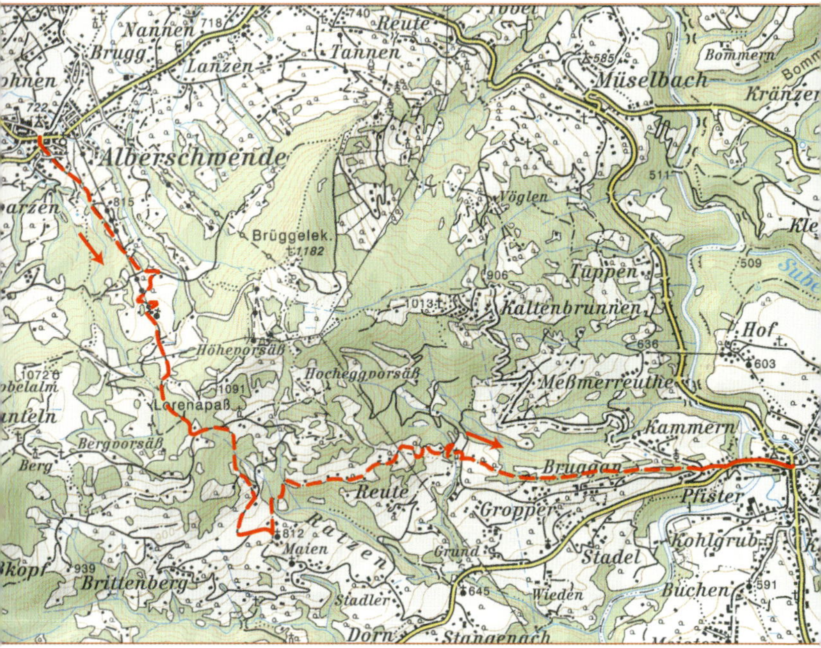

Auf dem Lorenaweg bietet sich ein schöner Blick auf Schwarzenberg.

Mit Steinplatten befestigtes Wegstück

waldeten **Lorenapass** braucht man nur mehr eine Viertelstunde. Beim Abwärtsgehen auf der Südseite kommt man schon nach wenigen Schritten auf eine Lichtung, wo sich die erste schöne Aussicht in den Hinteren Bregenzerwald auftut und wo der Blick zwischen Winterstaude und Kanisfluh bis zur Bergkulisse des Tannbergs reicht. Ein kurzes Stück weiter abwärts biegen wir vom Fahrweg nach rechts auf einen Waldweg ab, bei dem wir wieder den alten Lorenaweg im Original betreten. Der zum Teil mit Steinplatten befestigte Weg führt im schattigen Bergwald an der **St.-Ilga-Quelle** vorbei. Von dieser Quelle erzählt die Legende, dass sie entsprungen sei, als sich dort die drei seligen Geschwister Merbod, Ilga und Diedo voneinander verabschiedeten. Beim Weitergehen kommen wir bald zum Waldrand oberhalb der Parzelle **Maien**, wo sich ein schöner Blick auf Schwarzenberg auftut. Leider ist vom früheren Lorenaweg, der von Maien über Ratzen ins malerische Dorf Schwarzenberg führte, nicht mehr viel zu sehen. Wer heute von Maien ins Dorf geht, muss für eine dreiviertelstündige Gehzeit das Wandern auf Asphalt in Kauf nehmen.

Nach Egg ist man zwar doppelt so lang unterwegs, dafür ist der Weg für Fußgänger in mancher Hinsicht reizvoller. Ein guter Grund, in Maien vom alten Hauptweg abzubiegen und in Richtung Egg zu wandern. Dazu geht man auf einem Wirtschaftsweg wenige Minuten etwas aufwärts durch den Maientobel zu Vorsäßweiden. Bei den in einem kleinen Bereich weglosen Bergwiesen zeigen Markierungen den Routenverlauf an. Bald geht es auf einem guten Weg über einen Wiesenhang talwärts, wobei der Blick auf Egg und Hittisau mit den Wald- und Wiesenkuppen zwischen Hochgrat und Winterstaude gerichtet ist. Eine Kapelle am Weg trägt den Namen **Elias Brügel**. Sie erinnert an das denkwürdig traurige Jahr 1635, als in Egg mehr als ein Viertel der Bevölkerung dem schwarzen Tod zum Opfer fiel. Am einstigen Absonderungsplatz der Pestkranken und ihres Massengrabs lesen wir auf einem alten Gedenkstein: *„Elias Brügel, Pfarrer von Egg, 1628–1635, starb daselbst mit 250 Pfarrkindern an der Pest."* Die Kapelle erinnert zugleich an jene vielen jungen Männer der Gegend, die aus dem Ersten und Zweiten Weltkrieg nicht mehr heimgekehrt sind. Nach dem Besinnungshalt führt die Route zunächst durch eine Wiese und danach als romantischer Waldpfad auf dem langgestreckten Felsrücken von **Steinbuch** zum Ortsteil **Kammern**, wo wir auch schon die Pfarrkirche und das Ortszentrum von Egg vor uns sehen.

Egg
Wie in Alberschwende bestand im Hochmittelalter auch in Egg – 1275 „an der Egge" genannt – ein gräflicher Herrenhof. Die auf dem „Eck" eines Felssporns stehende und 1307 erstmals erwähnte Pfarrkirche (heutiger neugotischer Bau von 1890) wurde zur Mutterkirche von Bezau, Riefensberg, Unterlangenegg und Hittisau-Sibratsgfäll. Bis 1806 bestand in Egg auch das Hochgericht für den Hinteren Bregenzerwald. Nachdem der Ort im 19. Jahrhundert sternförmig mit Fahrstraßen erschlossen worden war, wurde er zum wirtschaftlichen Mittelpunkt der Talschaft.

Erinnerungen an den alten Lorenaweg

Schade, dass in der Geschichtsschreibung der Geschichte alter Wege so wenig Beachtung geschenkt worden ist. Sonst könnten wir beim Lorenapass eine Fülle von Denkwürdigkeiten aus Jahrtausenden erfahren wie wohl bei keinem anderen Gebirgsübergang des Bregenzerwaldes. Wir bekämen von Jägern der Vorzeit zu hören, die vom Rheintal über die Lorena in die Waldwildnis des Bregenzerachtales gezogen sind. Der Pass hat Bauern und Säumer mit Schmalz und Käse nebst Holzhändlern auf dem Weg nach Bregenz und Pferdekarawanen mit Kornfuhren in der Gegenrichtung gesehen. Auf dem Lorenaweg waren ungezählte „Fremdler" unter der Führung der Wälder Barockbaumeister als Saisonarbeiter nach Süddeutschland unterwegs, haben Schwabenkinder und junge Männer als Soldaten mit Tränen von ihrer Heimat Abschied genommen.

Auch als das Rheintal und der Bregenzerwald schon mit Fahrstraßen verbunden waren, wählten die Fußwanderer noch lange

Ausblick vom Lorenaweg auf Schwarzenberg und die Berge des Hinteren Bregenzerwaldes

die kürzere Verbindung über die Lorena. Manche mögen den Weg aus dem Gebirgstal in die Weite der Bodenseelandschaft ähnlich befreiend empfunden haben wie Franz Michael Felder, der bei seiner Erinnerung an den „*Lorenenberg*“ gestand: „*Ich hätte da die schönste Aussicht über den Innerbregenzerwald gehabt, aber ich mochte sie nicht genießen. Mich drängte es fort aus diesem Tale …*“

Umgekehrt erlebten es Felders Zeitgenossen, die vom Flachland her als erste Vergnügungsreisende zu Fuß den Bregenzerwald durchstreiften. Der ostdeutsche Schriftsteller Andreas Oppermann kam geradezu ins Schwärmen, als er über die Eindrücke seiner Wanderung von Alberschwende nach Schwarzenberg 1859 schrieb: „*Die Aussicht von der Lorena ist lohnend wie keine* (…) *Eine neue, ganz eigentümliche Welt eröffnet sich, wenn man von der anderen Seite hinabblickt. Mattenreich und buschig ist der Abhang der Lorena, die sich hier hinabsenkt in ein reich belebtes Tal* (…) *Das Bild ist groß und machtvoll; die Gebirgsnatur erscheint hier im vollen Zauber ihrer wilden Schönheit und erst, wenn man von der Ueberraschung, die der Anblick so groß-*

artiger Felsbildungen in unserer Seele erweckt, sich erholt hat, sammelt sich das Auge zu dem Blick in das mattenreiche Tal, das tief unter den Füßen des Wanderers liegt – das ist der Bregenzerwald.“

Die alte Straße von Schwarzenberg nach Egg (nach einer Zeichnung von Richard Püttner)

Die „Landstraß“ über die Lose

Auf der ersten Wälderstraße nach Schwarzenberg

Wegverlauf: Dornbirn, Haselstauden (Ortsmitte 441 m, Parkierungsmöglichkeiten) – Fluh (670 m) – Ammenegg (890 m) – Bödele (1140 m) – Schwarzenberg (696 m)
Öffentliche Verkehrsmittel: Busverbindungen zu den Haltestellen Haselstauden-Kirche und Schwarzenberg-Postamt
Höhenunterschied: bergauf ca. 700 m, bergab 440 m
Gehzeit: 3½ Stunden (Haselstauden – Bödele 2¼ Stunden)
Einkehrmöglichkeiten: Haselstauden, Ammenegg, Bödele, Schwarzenberg

Karrenwege als Hauptstraßen
Wer vor 200 Jahren vom Rheintal in den Bregenzerwald fahren wollte, hatte nur die Wahl zwischen zwei schlechten Karrenwegen. Der eine führte von Schwarzach über Linzenberg und Farnach nach Alberschwende, danach über Tannen und Meßmerreuthe weiter nach Egg, der andere von Stiglingen (heute Haselstauden) über Ammenegg und die Lose nach Schwarzenberg. Die Eigenart der „Landstraß“ über die Lose ist an unserer Wanderroute auch heute noch gut zu erkennen. Es gibt freilich noch mehr Gründe, die Route als lohnend zu empfehlen.

Von der Ortsmitte in **Haselstauden** gelangt man über die Mitteldorfgasse und die Tobelgasse in wenigen Minuten zum Ortsrand. Dort geht es bereits auf dem ersten Hohlweg etwas steil aufwärts. Damit gibt sich auch schon ein typisches Merkmal des alten Fahrwegs zu erkennen, bei dem eine solche Steigung zur Zeit der Anlage ganz normal war. Nur war der Weg damals bei weitem nicht so gut zu befahren wie heute. Im ursprünglichen Zustand war er so steinig und holprig, dass die Fuhrleute froh waren, zur Pannenhilfe einen Wagner in der Nähe zu wissen. Daran erinnert heute noch der Flurname **Rädermacher** ob Haselstauden. Berüchtigt war früher besonders der „Hohla“ (Hohlweg) unter der Fluh. Wir umgehen ihn auf einer neuen Trasse – auch der Aussicht wegen. Von der Parzelle **Fluh** reicht der Blick über das untere Rheintal bis zum Appenzeller Alpstein und zum Bodensee. Nun geht es im Bergwald weiter aufwärts nach **Ammenegg**, wo schon die Aussicht eine Rast lohnt. Hier bietet sich ein Panoramablick ins obere Rheintal bis zur Alviergruppe und zu den Churfirsten. Sogar ein

Kapelle an der alten Landstraße auf der Ammenegg

paar 3000er-Spitzen am Nordrand der Glarner Alpen sind zu sehen. Auch wenn sich die Fuhrleute von einst nicht sonderlich für die Aussicht interessiert haben mögen, einen Halt machten sie auf Ammenegg dennoch gerne. Denn dort lädt schon seit Jahrhunderten ein Wirtshaus ein, den Durst der verschwitzten Passanten zu stillen. Auch eine Kapelle steht an einem idyllischen Plätzchen am Weg. Nach dem Überqueren der heutigen Bödelestraße folgen wir weiterhin dem historischen Wegverlauf. Dazu halten wir bei der

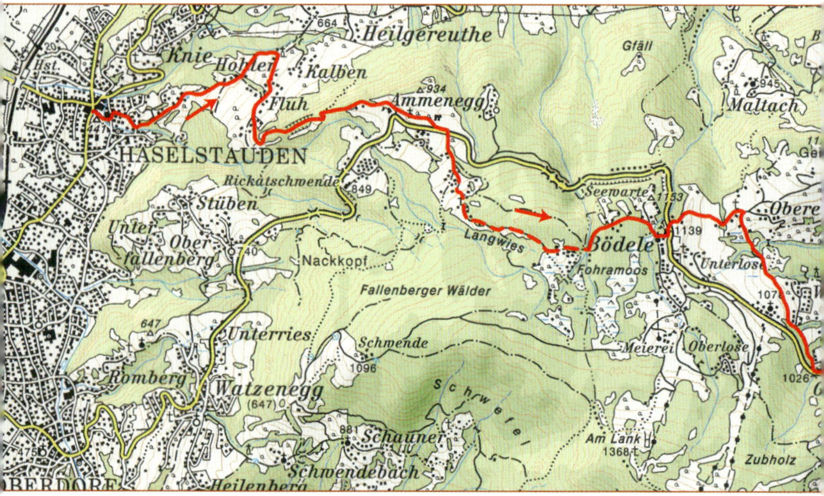

Schwarzenberg nach einer Zeichnung des schwäbischen Dichters Eduard Mörike bei einem Blick aus dem Gasthaus Hirschen im Jahr 1857

Wegteilung **Im Ampfer** nach rechts und kommen nun mit weiß-rot-weißer Wegmarkierung beim **Fähnele** (1020 m) zum nächsten eindrucksvollen Aussichtspunkt, bei dem sich bei klarem Wetter der ganze Bodensee überblicken lässt. Zwanzig Minuten später erreichen wir am Bergsattel den Rand des **Fohramoos**. Das ist eine der bekanntesten Hochmoorlandschaften Vorarlbergs, zu deren Kennenlernen eine eigene naturkundliche Exkursion zu empfehlen ist. Zum Bödele hin gehen wir nicht mehr so konsequent wie bisher dem Verlauf der alten Losestraße nach, da dieser durch spätere Wegebauten verändert worden ist. Dafür hat es zwischendurch auf Fußwegen einen eigenen Reiz, durch das kuppige Waldgelände und vorbei am romantischen **Bödelesee** zum Waldrand auf den Bergrücken zu kommen, wo sich das berühmte **Bödele-Panorama** auftut. Hier überrascht der Bregenzerwald mit einem Bild abwechslungsreicher Weite und mit einer Bergkulisse, die am östlichen Horizont bereits den Allgäuer Alpen zugehört. Der Name Bödele bezog sich früher übrigens nur auf das einstige Schwarzenberger Vorsäß. Zur Unterscheidung wurde der 1140 m hohe Passübergang „die **Lose**“ genannt.

Nach einer genüsslichen Rast lassen wir uns vom Wegweiser an der Straße die Richtung für den Weiterweg zeigen. Er führt kaum zwei Minuten entlang der Straße zu einem am Waldrand abzweigenden Fußweg, auf dem wir zum Vorsäß **Oberer Geißkopf** und danach auf einer Erschließungsstraße durch das

Weißtannenvorsäß wieder zur Bödelestraße kommen. Nach ein paar Schritten auf der Straße zweigen wir auf einen Forstweg ab, der sich gleich als ein Stück der alten Straße zu erkennen gibt. Bei einem Hohlweg sind sogar noch Pflästerungen erhalten, wie sie früher auch sonst üblich waren. Bei dem darunterliegenden Vorsäß **Gmeind** hat der alte Fahrweg der neuen Straße weichen müssen, weshalb wir der Markierung folgend einen kleinen Umweg machen. Nach einer neuerlichen Querung der Straße gehen wir bereits wieder mehr oder weniger im Verlauf des historischen Karrenwegs weiter talwärts dem Dorf Schwarzenberg zu.

Schwarzenberg ist eine der ältesten Dauersiedlungen des Bregenzerwalds. Das ist vor allem der Nähe zum Rheintal und dem Zusammentreffen der ältesten Zugangswege über die Lorena und über die Lose zu verdanken. Von da aus hat die Kultivierung des Hinteren Bregenzerwalds bis zur Argen ausgegriffen. So ist zum Beispiel Mellau aus einem Schwarzenberger Vorsäß hervorgegangen. Der Siedlungskern Hof war ab 1402 im Besitz des Klosters St. Gallen und wurde 1464 vom Kloster Mehrerau erworben. 1755 hat im Weiler Hof ein Großbrand 16 Häuser und die Kirche zerstört. Heute beeindruckt hier die ausgeprägte Eigenart des Dorfkerns, wie er nach dem Brand wieder aufgebaut worden ist. Am Ausmalen der wiederhergestellten Barockkirche war 1757 mit Josef Johann Kauffmann auch seine 16-jährige Tochter **Angelika Kauffmann** (1741–1807) beteiligt. Damals malte sie nur die Apostelköpfe an den Seitenwänden. Als später berühmt gewordene Malerin ließ sie ihrer Heimatgemeinde auch das Hochaltarbild zukommen. Zur Zeit des im 19. Jahrhundert aufkommenden Tourismus galt Schwarzenberg bereits als empfehlenswerter Ort der Gastlichkeit, was er bis heute geblieben ist.

Straßenbauten an der Schwelle einer neuen Zeit

Fahrwege von Ort zu Ort waren in unseren Gebirgstälern bis ins 18. Jahrhundert eine Seltenheit. Sie waren auch nicht von allen erwünscht. Als zum Beispiel Angelika Kauffmann vom Bau der Straße über die Lose erfuhr, war sie gar nicht begeistert. Bekümmert gab sie zu bedenken, dass auf dieser hoffentlich nicht das Gute aus dem Tal ausziehen und die schlechten Sitten Einzug halten werden.

Wie Schwarzenberg über die Lose waren um 1800 schon manche Orte im Vorderwald mit Fuhrwerken erreichbar. Der Unterhalt dieser Karrenwege erfolgte normalerweise durch Frondienste. Doch weil man sich zur Sparsamkeit gezwungen sah, ließ der Zustand vieler Strecken arg zu wünschen übrig. Die Transporteure hatten besonders bei vielen Steilstrecken ihre Not. Bei manchem „gäha Teifl“ merkten die in der Nähe wohnenden Bauern oft schon am Fluchen der Fuhrleute, dass zusätzliche Ochsen- oder Pferdestärken als Vorspann gebraucht wurden.

Mit dem Bau von Bergstraßen mit annehmbaren Steigungen wurde im Rheintal und im Bregenzerwald in den 1830er Jahren begonnen. Die Fahrstraße durch den Schwarzachtobel nach Alberschwende wurde 1837, die Verbindung von Haselstauden über den Achrain 1896 eröffnet. Der Straßenbau Ammenegg – Bödele kam hingegen erst 1907/08 zustande. Für heutige Begriffe waren diese Straßen mit bescheidenen Güterwegen vergleichbar, doch für damalige Bedürfnisse durften sie als Vorzeigebeispiele des Bergstraßenbaus gerühmt werden. Gegen Ende des 19. Jahrhunderts konnte man mit Wagen schon bis Schoppernau fahren. Dieses Fahren auf den schmalen und holprigen Straßen wurde aber selbst bei Vergnügungsreisen nicht so recht als Vergnügen empfunden. So heißt es zum Beispiel in Schaubachs Reiseführer von 1866 für Nordtirol, Vorarlberg und Oberbayern, der Bregenzerwald sei *„zu Wagen nur mit Zeitverlust und wenigem Genuss zu bereisen, dagegen das Eldorado des Fußwanderers, der die oft ermüdenden Umwege auf guten, meist aussichtsreichen Fußwegen abschneiden kann.“*

Oberhalb der Schwarzenberger Parzelle Gmeind ist die alte Straße in einem Hohlweg noch im Original erhalten.

In der Mitte der Wälderrepublik

Über die Bezegg nach Bezau

Wegverlauf: Andelsbuch, Ortsmitte (613 m, Parkierungsmöglichkeiten) – Bezegg (775 m) – Bezau (650 m)
Öffentliche Verkehrsmittel: Busverbindungen 35 und 40 zu den Haltestellen Andelsbuch-Postamt und Bezau-Postamt
Höhenunterschied: 170 m
Gehzeit: 1¾ Stunden
Einkehrmöglichkeiten: Andelsbuch, Bezau

Andelsbuch war im Mittelalter einer der wichtigsten Ansatzpunkte der Besiedlung des Bregenzerwalds. Hier suchten sich die Siedlungspioniere eine außergewöhnlich breite Talterrasse aus, die durch die Aufschotterung eines eiszeitlichen Sees entstanden war. In Andelsbuch – 1080 als „Andoltisbuoc" erwähnt – hatte sich im 11. Jahrhundert der Einsiedler Diedo niedergelassen, dessen Grab man 1973 bei der Renovierung der Pfarrkirche wieder entdeckte. Zu seiner Zeit wurde auf Wunsch von Graf Ulrich von Bregenz sogar versucht, hier ein Benediktinerkloster zu gründen. Die von Konstanz-Petershausen zugezogenen Mönche verließen den abgelegenen Ort aber schon nach wenigen Jahren wieder, um sich dafür ab 1097 dem Aufbau des neuen Klosters Mehrerau zu widmen. Der Hof Andelsbuch bildete fortan das Zentrum der Mehrerauer Kolonisation, wobei die dortige Kirche zur Mutterkirche für den inneren Bregenzerwald wurde. Die heutige Pfarrkirche, 1664–1718 errichtet und im 19. Jahrhundert vergrößert, steht an der Stelle mittelalterlicher Vorgängerbauten.

Bis 1806 war Andelsbuch Gerichtsort und vor allem als Wahlort der Wälder Landsgemeinde und durch das Rathaus auf der Bezegg der politische Mittelpunkt des Bregenzerwalds.

Unsere Wanderung führt vom Kirchplatz mit der alten Dorflinde oder der Bushaltestelle Postamt zuerst zum alten Bahnhof, wo das **„Wälderbähnle"** zwischen Bregenz und Bezau von 1902 bis 1980 Halt machte. Von dort gehen wir auf einem Fuß- und Radweg, der im Verlauf der früheren Bahntrasse angelegt ist, zum **Stausee** des Kraftwerks Andelsbuch. Das 1908 in Betrieb genommene Werk war eines der ersten Speicherkraftwerke in Vorarlberg, damals sogar eines der größten in Österreich.

Vor dem Stausee biegen wir auf den alten Fahrweg zur Bezegg ab. Dieser niedrige Passübergang bildete bis zur Fertigstellung der Straße über Bersbuch im Jahr 1861 die Hauptverbindung zwischen Andelsbuch und Bezau. Heute hat es einen eigenen Reiz, auf der wenig veränderten alten Hauptstraße im romantischen Waldtälchen aufwärts zu gehen. Nahe dem Sattel der Bezegg kommen wir aus dem schattenkühlen Mischwald zu den Wiesen des Zipfelvorsäß und im Hoadatsmoos. Von da gehen wir im Wald nur noch ein kurzes Stück aufwärts und kommen schon gleich nach dem Übergang über den Sattel zur nächsten wiesengrünen Rodungsinsel. Dort sehen wir nahe dem Weg die **Bezegg-Sul**, jene als Wahrzeichen des Bregenzerwalds bekannte Sandsteinsäule, die 1871 zur Erinnerung an das frühere Rathaus errichtet worden ist.

Das „Wälderbähnle" auf der Fahrt durch Andelsbuch.
Heute dient die frühere Bahntrasse als Fuß- und Radwanderweg.

Die Bezegg-Sul am Standort des früheren Rathauses erinnert an die jahrhundertelange eigenständige Entwicklung des Bregenzerwaldes.

Auf der **Bezegg** stand seit dem Mittelalter das Rathaus der Wälder Bauernrepublik, in dem der frei gewählte Landammann und Rat die Angelegenheiten des Hinteren Bregenzerwaldes nach eigenem Landsbrauch berieten, beschlossen und verwalteten. Das Rathaus war ein auf Pfeilern ruhender Holzbau, der von unten über eine Leiter durch eine im Boden befindliche Falltüre zugänglich war. Die Leiter wurde jeweils nach der Zusammenkunft der Räte entfernt und erst wieder aufgestellt, wenn ein Beratungsergebnis erzielt war. Damit wurde bezweckt, dass die Beratung ohne äußere Beeinflussung und überflüssiges Geschwätz zu einem Ergebnis kommen sollte. Die regionale Selbstverwaltung endete 1806 mit der bayrischen Gerichts- und Verwaltungsreform. Das Rathaus auf der Bezegg wurde 1807 abgebrochen.

Ähnlich romantisch wie beim Aufwärtsgehen geht es auf der Südseite des Bezeggsattels durch schönen Mischwald, auf einer Kalkrippe auch durch reinen Buchenwald, talwärts nach Bezau. Die am ganzen Weg vorherrschenden Laubgehölze lassen leicht erraten, weshalb viele am liebsten zur Zeit der Herbstfärbung über die Bezegg spazieren. Sobald wir aus dem Wald heraustreten, sind wir schon nahe dem Dorf Bezau, bei dem es nur ein kurzer Weg vom Ortsrand zum Zentrum ist. Die Route führt hier an einem viergeschossigen Haus mit der Jahreszahl 1807 vorbei, das als der „alte Turm“ bekannt ist. Dass das Haus im Unterschied zu den anderen alten Häusern aus Stein gemauert ist, hat seinen Grund: Es war zur Zeit der bayrischen Herrschaft als Gefängnis errichtet worden. Hinter dem Haus biegen wir auf einen Fußweg ab, der uns am Dorfbach entlang in die Mitte des Dorfes führt.

In **Bezau** – 1249 „Baezenowe“ geschrieben – reichen die Anfänge der Besiedlung nicht so weit zurück wie in Andelsbuch. Bezeichnend dafür ist, dass der Ort erst seit 1497 eine selbständige Pfarrei ist. Dafür übernahm er späterhin immer mehr eine führende Rolle. Nachdem Bezau 1806 den Rang eines Gerichtsortes erhalten hatte und ab 1860 mit Fahrstraßen und 1902 mit der Bregenzerwaldbahn (Betrieb bis 1980) gut erreichbar geworden war, begann das Dorf als zentraler Ort des Bregenzerwaldes aufzublühen. Zugleich hat sich Bezau zu einem viel besuchten Erholungsdorf und zu einem Schwerpunkt der Wälder Gasttradition entwickelt. 1962 erfolgte die Erhebung zur Marktgemeinde.

Der „Feldkircherwald“

Um es gleich zu sagen: Das ist kein Vorschlag für eine Namensänderung des Bregenzerwalds, sondern nur eine Erinnerung an die Entstehung der „Wälderrepublik“. Ein erster Grund lag in einem Erbhandel der Montforter Grafen von 1340, bei dem der innere Bregenzerwald der Herrschaft Feldkirch zugeteilt wurde, während Bregenz mit dem Vorderwald an Montfort-Tettnang kam. Im Unterschied zu den Bregenzern und Tettnangern übernahm die selbstbewusste und einflussreiche Bürgerschaft der aufstrebenden Stadt Feldkirch schon früh eine Vorreiterrolle bei der Demokratisierung der Verwaltung. Sie erreichte, dass ihnen Graf Rudolf V. als letzter

Pfarrkirche Andelsbuch im Morgennebel

und kinderloser Inhaber der Herrschaft Montfort-Feldkirch 1376 einen Freiheitsbrief ausstellte, der ihnen frei von Leibeigenschaft ein hohes Maß an Autonomie gewährte. Während im Vorderwald wie in Bregenz noch alle demokratischen Regungen unterdrückt wurden, hatten die der Herrschaft Feldkirch angehörenden Bewohner des Hinteren Bregenzerwalds den Vorteil, dass der Freiheitsbrief auch für sie zur Magna Charta wurde. Diese Privilegien hatte auch das Haus Habsburg zu respektieren, als die Herrschaft nach dem Verkauf von 1379 österreichisch wurde. Mit den Feldkircher Freiheitsrechten hatte der Hintere Bregenzerwald eine für die damalige Zeit außergewöhnliche Eigenständigkeit gewonnen. Die Wälder Landsgemeinde konnte sich nach demokratischen Regeln und einem eigenen Landsbrauch eine Verfassung geben und ihren Landammann und Rat wählen. Zugleich verfügte der Hinterwald über ein eigenes Hochgericht. Dank dieser weitreichenden bäuerlichen Selbstverwaltung konnte sich ein sehr ausgeprägtes und von vielerlei traditionellen Bindungen gestärktes Zusammengehörigkeitsgefühl entwickeln.

Türring der romanischen Pfarrkirche in Andelsbuch (Original im Vorarlberger Landesmuseum)

Über das Starzeljoch

Vom Kleinwalsertal in den Bregenzerwald

Wegverlauf: Baad (1220 m) – Innere Turaalpe (1386 m) – Starzeljoch (1867 m) – Neuhornbachalpe (1639 m) – Schoppernau (840 m)
Öffentliche Verkehrsmittel: Busverbindungen über Hittisau – Oberstdorf nach Baad sowie nach Schoppernau, Haltestelle Postamt
Höhenunterschied: bergauf 650 m, bergab 1020 m
Gehzeit: 4¾ Stunden (über Neuhornbachhaus 5¼ Stunden)
Einkehrmöglichkeiten: Baad, Althornbachalpe (Jause während der Alpzeit), Neuhornbachhaus, Schoppernau

Das **Kleinwalsertal** ist von seiner Lage her auf das obere Allgäu ausgerichtet. Von dort ging auch die frühe Nutzung als Jagd- und Alpgebiet aus. Eine entscheidende Wende brachte die Zeit um 1300, als die Hochtäler rund um den Widderstein von Zuwanderern aus dem Wallis besiedelt wurden. Die Walser hatten eine gemeinsame Selbstverwaltung für das als „Tannberg" bezeichnete Gebiet, das die heutigen Gemeinden Mittelberg, Warth, Lech und Schröcken umfasste. Eine Trennung erfolgte erst 1563 durch die Schaffung eines eigenen Gerichtes Mittelberg. Der Hauptort Mittelberg – 1353 „zu den Wüstnern" genannt – hatte schon im 14. Jahrhundert eine eigene Kirche und wurde 1391 durch Ablösung von Fischen eine selbständige Pfarrei. Riezlern erlangte 1508 die pfarrliche Unabhängigkeit von Oberstdorf.
Bis ins 19. Jahrhundert lebten die Kleinwalsertaler von der Berglandwirtschaft. Dank der frühen bayrischen Eisenbahnbauten (1889 bis Oberstdorf) kamen bald immer mehr „fründe Lüt" zur Sommerfrische ins Tal. In wenigen Jahrzehnten entwickelte sich Mittelberg zur führenden Fremdenverkehrsgemeinde Vorarlbergs. Das hat auch damit zu tun, dass 1891 die hinderliche Zollgrenze am Taleingang fiel, indem das Kleinwalsertal eine Sonderstellung als deutsches Zollgebiet bekam.

Unsere Wanderung beginnt im hintersten Ort des Kleinwalsertals. Sie nimmt ihren Ausgang in **Baad**, wo der Ortsname auf ein dort vom 15. bis ins 19. Jahrhundert bestehendes Schwefelbad zurückgeht. Auf der zum Starzelhaus führenden Straße erreicht man schon in wenigen Minuten den Ortsrand. Danach zieht sich ein Fahrweg mit mäßiger Steigung zur **Inneren Turaalpe**. Unterwegs

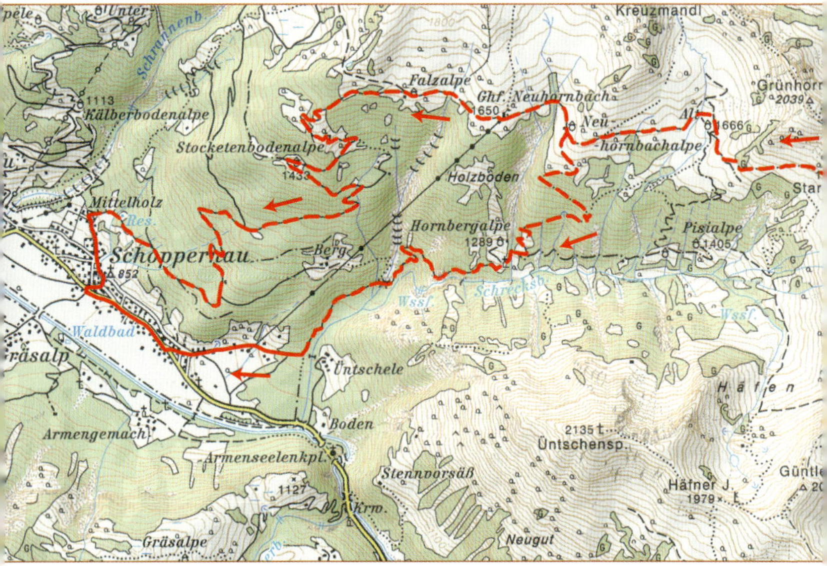

richtet sich der Blick immer wieder zur majestätischen Berggestalt des Widdersteins und ins Hochtal des Derrenbachs mit der Spitalalpe. (Der Name erinnert an die frühere Nutzung der Alpe durch das Lindauer Heilig-Geist-Spital, wobei das Vieh durch den Bregenzerwald über das Starzeljoch aufgetrieben wurde.) Bei der Inneren Turaalpe endet der Fahrweg. Von da wandern wir auf dem historischen Saumweg zum Starzeljoch. Dass man bei den früher üblichen Steigungen von Bergwegen auch ein bisschen ins

Blick vom Starzeljoch ins Kleinwalsertal

Schwitzen kommt, gehört dazu, wenn man einen alten Säumersteig im Original kennen lernen will. Von der **Starzelalpe** zieht sich der Weg etwas weniger steil über offene Alpmatten zum **Starzeljoch**. Auf dem Übergang vom Tal der Breitach ins Tal der Bregenzerach erreichen wir nebenbei die kontinentale Wasserscheide von Rhein (Nordsee) und Donau (Schwarzes Meer).

Es hat etwas Faszinierendes an sich, vom Joch in die Runde zu blicken. Die Berglandschaft ist hier von der modernen Technik noch so verschont, als sei die Zeit stehen geblieben. Mit dem gleichen Eindruck erfreut der Blick über das Joch in den Bregenzerwald. Auch da stimmt ein Landschaftsbild froh, das noch nicht von Seilbahnen und Leitungen verdrahtet oder durch andere Eingriffe verunstaltet ist. Ein so intaktes Natur- und Kulturerbe ist heute eine Rarität besonderer Art.

Bei der **Althornbachalpe** endet der alte Starzelweg. Von da genießt man den Spaziergang auf einem fast ebenen Alpsträßchen zur Neuhornbachalpe mit dem Panoramablick auf die gegenüberliegende Talseite, wo die Bergwelt zwischen Hochkünzelspitze und Zitterklapfen immer eindrucksvoller ins Bild kommt. Bei der Weggabelung auf der Neuhornbachalpe stellt sich die Wahl zwischen zwei Fahrwegen nach Schoppernau mit ähnlichen Anlage- und Steigungsverhältnissen. Der eine führt von der Alpe in 1½ Stunden direkt dorthin, der andere ist durch eine Fortsetzung des Höhenspaziergangs zum **Neuhornbachhaus** und bis zur gleich hoch gelegenen **Falzalpe** etwa 40 Minuten länger. Bei beiden Fahrwegen merkt man, dass im Abwärtsgehen immerhin ein Höhenunterschied von etwa 800 Metern zu überwinden ist. Zeit genug, um nebenbei den Bergwald mit seinen charakteristischen Höhenstufen und seinem noch sehr natürlich erhaltenen Charakter etwas näher zu betrachten. Sobald wir im Tal aus dem Wald heraustreten, sind es bei beiden Wegen nur mehr wenige Minuten bis zur Dorfmitte von **Schoppernau**.

Käsetransport mit Saumpferden

„Hender am Berg send au Lüt“

Das war im Kleinwalsertal früher eine gängige Redewendung, wenn sich jemand nur für die kleine Welt im Tal interessierte. Das Interesse für die Außenwelt hat sich bei den dortigen Bergbauern aber keineswegs in engeren Grenzen gehalten als anderswo. Im Gegenteil. Sie fühlten sich über die Berge hinweg traditionell mit ihren walserischen Nachbarn im obersten Lechtal und im hintersten Bregenzerachtal verbunden. Für die Beziehungen mit den anderen Tannberger Walsern waren der Hochalppass (1938 m) und der Gemstelpass (1972 m) die normalen Passverbindungen. Für den alltäglichen Verkehr mit der Außenwelt waren aber jahrhundertelang die Wege über die Amannsalpe (1344 m) nach Oberstdorf und über den Straußberg (1070 m) nach Fischen die wichtigsten Verbindungen. Dazu kam der Weg über den Hörnlepass (1290 m) und über Sibratsgfäll nach Bregenz. Der lange Zeit schlechte Weg über die Walserschanz wurde 1739 behelfsmäßig befahrbar gemacht und später als Hauptstraße ausgebaut. Die Freude über den erleichterten Verkehr über die Walserschanz war allerdings bald getrübt. 1786 wurde dort eine Zollstelle eingerichtet, wodurch nun der Warenverkehr auf den nächsten Wegen mit empfindlich verteuerten Kosten und vielerlei Erschwernissen verbunden war. Den Säumern blieb nichts anderes übrig, als einen Großteil ihrer Transporte über das Starzeljoch zu führen. Von da an zogen Pferdekarawanen mit Käse und Schmalz über das Joch. Mit anderen Waren kamen sie wieder zurück. Auf dem gleichen Weg ging man zum Viehmarkt. Für vielerlei Gänge waren Boten mit der „Chrätta“ auf dem Rücken unterwegs. Im Winter musste man aber in Kauf nehmen, dass der Saumweg über das Joch wochen- und monatelang nicht benützbar war. Das war auf die Dauer unzumutbar. Verständlich, dass 1891 die Beseitigung der Zollschranke auf der Walserschanz mit einem frohen Fest gefeiert wurde.

D' Feodoroblausar

Der Weg über die Starzel erinnert auch an den Auszug der Auer Wiedertäufer als eine Folge des Augsburger Religionsfriedens von 1555. Damals wurde zur Regel gemacht, dass die Landesherren die Religion ihrer Untertanen bestimmen konnten. Wer sich nicht fügte, wurde zum Auswandern gezwungen. Dadurch wurde auch eine in Au beheimatete Gemeinde von Wiedertäufern vor eine schwere Entscheidung gestellt. Daraufhin schworen in den 1570er Jahren etliche dem neuen Glauben ab. In den alten Protokollen sind aber auch 38 „fortgelaufene" Personen, Männer und Frauen mit Kindern, aufgezählt, die ein stattliches Vermögen zurückließen. Diese schlugen bei ihrer Vertreibung den Weg auf das Starzeljoch ein und zogen auf langen Märschen bis nach Mähren.

Es wird erzählt, sie hätten auf dem Starzeljoch noch nicht so recht gewusst, wo sie eine neue Heimat suchen sollten. Da hätten sie um ein Zeichen des Himmels gebeten, indem sie eine Feder von der Luft tragen ließen. Die Feder sei nach Nordosten geflogen. Mag sein, dass die Geschichte von diesem Windorakel von irgendwem erfunden worden ist, doch davon ist den Auern bis heute der Übername *„d' Feodoroblausar"* (die Federnblaser) geblieben.

Bregenzerach bei Schoppernau mit Blick zur Kanisfluh

Lichtblicke im engen Tal

Auf den Spuren von Franz Michael Felder

Wegverlauf: *F. M. Felder-Weg* Hinterhopfreben (1009 m) – Vorderhopfreben (970 m) – Schoppernau (745 m)
Öffentliche Verkehrsmittel: Busverbindungen 40 und 42 von Schoppernau-Postamt (Parkierungsmöglichkeiten im Nahbereich) zur Haltestelle Hopfreben
Höhenunterschied: insgesamt 170 m
Gehzeit: 1½ Stunden
Einkehrmöglichkeiten: Schoppernau

Der „schreibende Bauer" **Franz Michael Felder** (1839–1869) ist in Vorarlberg trotz seiner kurzen Lebensspanne von nur dreißig Jahren die herausragendste Dichterpersönlichkeit des 19. Jahrhunderts. Neben seiner Erzählung *Nümmamüllers und das Schwarzokaspale* und den Romanen *Sonderlinge* und *Reich und Arm* ist vor allem seine Autobiografie *Aus meinem Leben* bekannt geworden. In seiner Heimat Schoppernau galt der junge Franzmichel als einer, der in der ganz normalen Enge der gewohnten Alltagswelt „nicht ganz normal" war. Doch eben diese bergbäuerliche Umwelt wurde für den sensiblen Jungbauern prägend, an ihren Widerständen wuchs er und reifte früh. Für ihn war es allerdings ein erschreckender Gedanke, dass bei aufgedrängten und unhaltbar gewordenen Denkmustern alles beim Alten bleiben sollte. Er litt unter dem Anpassungsdruck und versuchte daher, Auswege aus einer als zu eng empfundenen Traditionsgebundenheit und aus dem Korsett der öffentlichen Meinung vorzuspuren. Wenn er zwischendurch kreative Distanz mit anregender Natur- und Menschennähe suchte, fand er alles zugleich oft im Vorsäß Hinterhopfreben oder auf der Alpe. Dann konnte er sich bei der Heimkehr manchmal „als ein viel gesünderer, froherer Mensch" wie neugeboren fühlen.

Unsere Route verläuft auf den Spuren von Franz Michael Felder auf dessen Heimweg von Hopfreben nach Schoppernau. Von der Bushaltestelle beim früheren Bad Hopfreben sieht man schon das Vorsäß Hinterhopfreben vor sich, wo auch die Familie Felder eine Vorsäßhütte besaß. Auf der Talseite gegenüber blickt man zur Felsenburg der Künzelspitze hinauf. Zwischen dem Geschröf ob der Bregenzerach und dem Gipfelfels liegt die Alpe Schiedlen, auf wel-

Franz Michael Felder

Felders Geburts- und Wohnhaus in Schoppernau nach einem Stich von 1869

cher der junge Franzmichel manchen Sommermonat als „Pfister" (Hütebub) verbrachte.

Von **Hinterhopfreben** folgen wir oberhalb der Straße auf einem Fußweg durch Viehweiden und Buchenwald dem Verlauf des historischen Talwegs zu den Vorsäßhütten von **Vorderhopfreben**. Von dort gehen wir ein kurzes Stück auf einem Fahrweg und danach wieder auf dem „Alten Weg". Je mehr sich das Tal zur Schlucht verengt, desto mehr nähert sich der Weg dem Bachbett der Bregenzerach. Vor dem Felsriegel mit dem „Armaseelakappele" auf der Höhe gehen wir auf der früheren Landstraße um den Sporn herum, während die jetzige Straße in einem Tunnel geradeaus führt. Zur Zeit Felders verlief der alte Talweg auf der rechten Talseite, wo es eine Brücke über die Bregenzerach gab. Dieser Übergang ist Felder in schauriger Erinnerung geblieben.

Am Morgen des 6. Juni 1860 war der 21-jährige Franzmichel mit zehn Kühen zum Vorsäß Hinterhopfreben unterwegs. Bei der Brücke über die während der Schneeschmelze hochgehende Ach wichen die vorausgehenden Kühe vom Weg ab und liefen ans andere Ufer. Franzmichel rannte ihnen nach, um sie zurückzuholen. Später erinnerte er sich: *„Plötzlich tat es einen furchtbaren Krach, die Brücke leerte um und ich stürzte ins Wasser. Tief, tief sank ich und der vom mitgerissenen Boden gelbliche Strom schlug ob mir zusammen. Dann erfasste es mich und wirbelte mich zwischen Balken und Brettern der zusammengebrochenen Brücke um die von rechts und links in die enge Schlucht niederstürzenden Felsmassen herum und aus einem Strudel in den anderen."* Endlich konnte er sich an einem Stein festhalten. Einige Bauern, die ihn gesehen haben mussten, gingen auf dem Weg vorbei ohne zu helfen. Zum Glück war auch sein Freund, der Senn Josef Oberhauser, unterwegs, der ihn vor dem Ertrinken rettete. Was für ein Aufatmen, als der Bewusstlose von Freunden umgeben wieder zu sich kam: *„Die Welt war halt doch schön. Das empfand ich, als ich wieder den blauen Himmel und Gottes herrliche Sonne sah."*

Der Gang um den von der Bregenzerach umspülten Felsriegel führt uns in die Gegenwart zurück. Da ist wieder die aus dem Tunnel ausmündende Autostraße. Wir überqueren sie und gehen nun auf einem idyllischen Waldweg weiter, begleitet vom Rauschen der Ach. Bald kommen wir zu einem Steg, über den wir wieder auf die Sonnenseite des Tals gelangen. Nun sehen wir auch schon Schoppernau und flussabwärts die mächtige Kanisfluh vor uns. Von da ist es nur mehr ein kleiner Spaziergang auf dem Gehsteig der Straße ins Oberdorf. Da steht noch immer das Geburts- und Wohnhaus von Franz Michael Felder direkt am Weg. Ob uns Heutigen der „schreibende Bauer" am Ende unseres Weges in die Vergangenheit nicht noch manches zu sagen hätte?

Hinterhopfreben

Was als Wellness-Tourismus so modern anmutet, ist keine Erfindung unserer Zeit. Das war in der Frühzeit des Fremdenverkehrs in Verbindung mit Badekuren sogar etwas vom Wichtigsten. Sogar in den hintersten Bergtälern gab es gastliche Badehäuser. Ein solches war das Schwefelbad in Hinterhopfreben. Seine Geschichte geht bis ins 17. Jahrhundert zurück. Heute dient es ohne Badebetrieb als Ferienheim. Auch Franz Michael Felder versuchte hier schon,

Vorsäß Hinterhopfreben

seine schwache Gesundheit mit Bädern zu kurieren. Offenbar war das für ihn aber doch nicht ganz das Wahre. So recht aufleben konnte er viel eher im Vorsäß, besonders wenn Anna Katharina Moosbrugger, seine geliebte Nanni, dort war. Wie er erzählt, hat den Schoppernauern die Vorsäßzeit im Jahresrhythmus viel bedeutet. *„Ende Mai, wenn einmal die Dorfviehweide wie abgemäht aussah, trieb ich alljährlich meine ganze Habe durch die Achschlucht hinein gegen Hopfreben, wo 130 Kühe und etwa halb so viele Menschen sich im Frühling fünf und im Herbst drei Wochen lang recht herzlich wohl sein lassen. Auf den Hochalpen wird das Vieh meistens gedungenen Alpknechten übergeben, weil die Bauern im Sommer mit der Heuernte und mit der Beschaffung von Brennholz für den langen Winter alle Hände voll zu tun haben. Im Vorsäß dagegen sieht jeder selbst zu seinem Vieh und hat dabei die beste Zeit. Lässt doch der Handwerker seine Werkzeuge im Dorfe zurück und der muntere Bursche seine keifende Base, die ohne ein ordentliches Bett und ohne Dorfklatsch in so einer elenden Vorsäßhütte gar nicht leben könnte. Der Mensch mit seiner Qual kommt gewöhnlich nicht ins Vorsäß; drum herrscht dort auch viel mehr Frohsinn und Ungebundenheit als im Dorfe, wo häufig die eine Hälfte der Bewohner die andere niederzuhalten pflegt.“*

Dem Alltäglichen entkam Felder freilich auch im Vorsäß nicht ganz. Es widerstrebte ihm nicht selten, wenn er sich mit anderen nur über das Vieh unterhalten konnte. In seiner wachen Neugier und seinem Gemütsreichtum ließ ihn das enge Bergtal aber oft genug die Wunder der Wirklichkeit hinter den kleinen Dingen, die Lichtblicke befreiender Weite und beglückender Seelentiefe entdecken.

Südliche Talseite bei Hinterhopfreben, wo der junge Felder ein paar Sommer als Hütebub auf der Alpe Schiedlen verbracht hatte

Hoher Gang und Rappenloch

Von Ebnit ins Gütle

Wegverlauf: Ebnit (1075 m) – Hackwald (1100 m) – Hoher Gang – Spätenbachalpe (842 m) – Rappenlochschlucht – Gütle (505 m)
Öffentliche Verkehrsmittel: Busverbindung 47 vom Gütle, Haltestelle Ebniter Straße (Parkplätze in der Nähe) nach Ebnit, Haltestelle Kirche
Höhenunterschied: ca. 600 m abwärts
Gehzeit: 2¾ Stunden
Einkehrmöglichkeiten: Ebnit, Gütle

Die Route folgt großteils dem historischen Saum- und Karrenweg von Ebnit nach Dornbirn. Sie führt überwiegend auf bequem begehbaren Wegen ohne nennenswerte Aufstiege durch schattigen Bergwald.

In **Ebnit** geht man von der Bushaltestelle bei der Kirche fünf Minuten der Straße entlang bis zum nächsten Wegweiser, der die Abzweigung nach links zum Hackwald anzeigt. Von da führt ein Fahrweg mit geringen Höhenunterschieden am Fuße der Felszacken der Großen und Kleinen Klara in 20 Minuten zu der vom Bocksberg überragten Parzelle **Hackwald**. Nun geht man am steil abfallenden Berghang auf dem alten Saum- und Karrenweg über den **Hohen Gang** zur **Spätenbachalpe** und im Verlauf des alten befahrbaren Ebniter Wegs weiter abwärts. Wo früher auch an Steilhängen Viehweiden und Bergmähder anzutreffen waren, zieht sich die Route heute durch Mischwald. An diesen Landschaftswandel erinnert im Bergwald der heute noch gebräuchliche Flurname „In der Alp". Dort kommen wir zu einer Abzweigung, wo wir von der historischen Wegtrasse abzweigen und auf einem Fußweg in wenigen Minuten den reizvoll im Schluchtwald gelegenen **Staufensee** erreichen, der als Stausee zur Wasserkraftnutzung geschaffen worden war. Gleich bei der Staumauer kommen wir unter überhängenden Felswänden zur **Rappenlochschlucht.** Hier braucht es nicht viel Fantasie, um das Wandern auf den vom Sonnenlicht abgeschirmten Steganlagen wie einen Gang durch die Unterwelt zu empfinden. Am Ausgang der Schlucht schließt sich wieder ein

Alter Fahrweg im Bereich der Spätenbachalpe

Ebnit um 1840 (Aquarell von Caspar Obach)

breiterer Fußweg an, der neben einer alten, zu den früheren Textilwerken im **Gütle** führenden Druckrohrleitung in wenigen Minuten an den Endpunkt der Wanderung führt.

„Im Ebenot"

Die Ebniter werden manchmal als „fußmarode Walser" bespöttelt, weil sich ihre im 14. Jahrhundert eingewanderten Vorfahren so nahe dem Rheintal angesiedelt hatten, statt in noch entlegenere „Höhinen und Wildinen" zu ziehen. Und doch sieht es nicht so aus, als hätten sie hier ein leichteres Dasein gewählt. Wie es scheint, war das abgelegene Gut *„im Ebenot"* bei der 1351 erfolgten Verleihung an drei Walserfamilien noch fast unbewohnt. Wir wissen nur von Mönchen des Augustiner-Eremitenordens, die sich kurz vorher hierher in die einsame Waldwildnis zurückgezogen hatten. Als leibeigene Untertanen der Grafen von Hohenems hatten die hiesigen Walser auch nicht die gleichen Freiheiten wie jene im Walgau, im Großen Walsertal und am Tannberg. Zudem war das kultivierbare Berggebiet so eng begrenzt, dass ihre Nachkommen schon früh zum Abwandern gezwungen waren. In einer Urkunde von 1508 heißt es, Ebnit sei *„ain ainodi im pirg"* und es seien *„nit mer den vier oder fünf hüser armer lüten vorhanden"*. 1632 war der Ort immerhin schon von 20 Familien bewohnt. 1839 zählte man 218 Bewohner. Damit war Ebnit im Verhältnis zu den kargen bergbäuerlichen Existenzgrundlagen bereits überbevölkert. So blieb den meisten Jungen nichts anderes übrig, als sich außerhalb des Hochtals nach erträglicheren Lebensbedingungen umzusehen. Als 1927 die Pfarrkirche samt Pfarrhaus und Schule abbrannte, sahen die Ebniter auch keine Chance mehr, als selbständige Gemeinde weiter zu bestehen. Die logische Konsequenz war 1932 die Eingemeindung in Dornbirn. Danach dauerte es immerhin nicht mehr lange, bis man Ebnit als Sommerfrische und Luftkurort entdeckte und immer mehr Dornbirner Ferienhausbesitzer zu „Schönwetterebnitern“ wurden.

Die alten Wege „ans Land“

Zur Zeit der Ansiedlung der ersten Walserfamilien bestand der Hauptzugang nach Ebnit in einem schlechten Saumpfad, der von Hohenems über den Ranzenberg und den Sattel des Fluhereck führte. Später kam noch ein Alpweg von Fraxern über die Hohe Kugel dazu. Von Dornbirn her durch das abgründig tief eingeschnittene Tal der Ebniterach zu gehen, war zu gewagt. Erst als es gelang, im schrofigen Gelände hoch über der Schlucht einen Saumweg – den „hohen Gang“ – anzulegen, wurde dieser Zugang immer mehr bevorzugt. Was zu transportieren war, musste von den Ebnitern aber nach wie vor selbst auf dem Rücken getragen werden. 1901 konnte der Weg vom Gütle über die Rappenlochbrücke, die Spätenbachalpe und durch das Geschröf des Hohen Gang immerhin durchgehend zum Karrenweg ausgebaut werden. Teilstrecken davon sind noch im Original erhalten. Der damalige Weg war aber noch nicht so sicher wie der jetzige Wanderweg. Heute kann man sich kaum mehr vorstellen, unter welchen Gefahren hier damals auch Pferdefuhrwerke unterwegs waren. Im Winter war der Zugang über den Hohen Gang nach starken Schneefällen, bei Lawinengefahr und Vereisung oft wochenlang nicht benützbar. So mancher, der bei unterschätzten Risiken einen Gang nach Dornbirn gewagt hatte, war von den Seinen nicht mehr lebend gesehen worden.

Der Bau der Fahrstraße war zwar schon 1927 weit fortgeschritten, doch erst 1936 konnte diese dem allgemeinen Verkehr übergeben werden. 1948 fuhr zum ersten Mal ein kleiner Postomnibus nach Ebnit. Inzwischen wurde die Straße weiter ausgebaut und gegen Steinschlag und Lawinen gesichert. Und doch haben viele Besucher heute noch gemischte Gefühle, wenn sie die zwar eindrucksvoll romantische, aber doch oft schmale und kurvenreiche Schluchtstraße befahren.

Das Rappenloch und die Industriekultur im Gütle

Von den Vorarlberger Naturdenkmalen ist keines so bekannt wie die Klamm des Rappenlochs. Hier, wie auch weiter oben in der Schaufel- und Alplochschlucht, hat sich die Ebniterach am Ende jeder eiszeitlichen Vergletscherung ein Stück tiefer in die Felsriegel aus Kalk- und Mergelschichten eingeschnitten. An den oft überhängenden Felswänden hat das Wasser in zahlreichen Strudeltöpfen seine Spuren hinterlassen.

Im Rappenloch

Wo das Wasser seine Kraft so eindrucksvoll präsentiert, überrascht es nicht, dass hier auch bereits die Pioniere der Vorarlberger Industrie ihre Chancen zum Nutzen der Wasserkraft erkannten. 1864 nahm das Dornbirner Textilunternehmen Franz Martin Hämmerle im Gütle seine Spinnereifabrik in Betrieb. Das Gütle ist allerdings auch ein Musterbeispiel, wie damals versucht wurde, den Fabriksbetrieb mit Freizeitkultur zu verbinden. Bezeichnend dafür sind ein Ausflugsgasthof, ein kleiner Park mit einem Mammutbaum und ein Springbrunnen, bei dem der Wasserkraft 1869 mit einem 60 Meter hohen Wasserstrahl ein durchaus passendes Denkmal gesetzt wurde. Der Zugang zum Rappenloch diente ursprünglich dem „Wassermann“ des Betriebs zur täglichen Zuflusskontrolle. Der 1896 durch die Schlucht angelegte Felsensteig war aber vor allem als touristische Attraktion gedacht. In den folgenden Jahren entstand durch Aufstauung der Ebniterach der Staufensee. Damit hatte der Fabrikant Viktor Hämmerle die Anregung an die Stadt Dornbirn verbunden, im Ebensand die Chancen für die Erzeugung von elektrischer Energie zu nutzen. So wurde hier 1899 das zweite Vorarlberger Wasserkraftwerk in Betrieb genommen, das heute noch – nun mit der Funktion eines automatisch betriebenen Kleinkraftwerks der VKW – in dem damals im Landhausstil errichteten Bau auf eine Jahreserzeugung von 7 Mio. KWh kommt. Nachdem in Vorarlberg die traditionelle Textilindustrie der Vergangenheit angehört, hat im Gütle ein zeitgemäßes Freizeitangebot ein verstärktes Gewicht bekommen. Dazu gehören heute auch ein Rolls-Royce-Museum und ein Krippenmuseum.

Auf der Insel der Steinzeitjäger

Rundwanderung am Kummenberg

Wegverlauf: Koblach, Dorfplatz (421 m) oder Pfarrkirche (456 m, Parkplatz) – Kadel (490 m) – Kummenberg (667 m) – Koblach
Öffentliche Verkehrsmittel: Busverbindung 57 zur Haltestelle Koblach-Dorfplatz
Höhenunterschied: ca. 245 m
Gehzeit: 1¾ Stunden (Koblach – Kummenberg 1 Stunde)
Einkehrmöglichkeiten: Koblach

Die ersten Menschenspuren in Vorarlberg
Es war sicher schon vor der letzten Eiszeit, als zum ersten Mal Menschen Vorarlberger Boden betraten. Wo es Wild zu jagen gab, tauchten sie auch schon früh nach dem Abschmelzen der Eiszeitgletscher als Jäger auf. Doch aus diesen frühesten Zeiten hinterließen sie hierzulande keine Spuren.
In der vor 10.000 Jahren beginnenden Warmzeit waren die Täler schon bis ins Hochgebirge von Urwald bedeckt. Der schwer durchdringlichen Waldwildnis wichen die Jäger der Mittelsteinzeit meistens aus. Die einen durchstreiften die weniger bewaldeten Hochlagen. Andere ruderten ihre Einbäume auf dem Bodenseefjord ins Rheintal. Dort fand man Lagerplätze auf den Kiesbänken der Flüsse oder bei den Felshorsten am Ufer. Später, als Bergkuppen wie der Kummenberg oder Schellenberg nur mehr von Restseen und Sümpfen umgeben waren, boten diese neben den Lagevorteilen in der wild- und fischreichen Naturlandschaft zugleich einen gewissen Schutz vor anderen Jagdnomaden. Von Jägern der Mittelsteinzeit sind im Rheintal einige Lagerplätze bekannt. In Vorarlberg konnten ihre Spuren nur im Bereich des Kummenbergs nachgewiesen werden.

Vom **Dorfplatz Koblach** oder dem Parkplatz unterhalb der Pfarrkirche geht man im Ortsteil **Kumma** ein kurzes Stück aufwärts zu einem Wegweiser, bei dem wir nach links in Richtung Kadel gehen. Bald führt der Weg fast eben in einen Bergwald, der talseitig steil abfällt. Am Fuße dieses Bergwalds befindet sich – vom Weg aus nicht einsehbar – die so genannte **Rheinbalme**, wo ein Lagerplatz von Jägern der Mittelsteinzeit entdeckt worden ist. Bei einer Wegteilung im Wald bietet sich die Möglichkeit, vom Rundweg über den Kummenberg kurz abzuweichen und in fünf Minuten zu einer Anhöhe am oberen Rand eines Steinbruchs der Rheinregulierung zu gehen, wo sich ein weiter Ausblick auf die Schweizer Rheintalseite auftut. Auf der Felskuppe des **Kadel** befand sich ein urzeitlicher Siedlungsplatz, der aber durch die Ausweitung des Steinbruchs verloren ge-

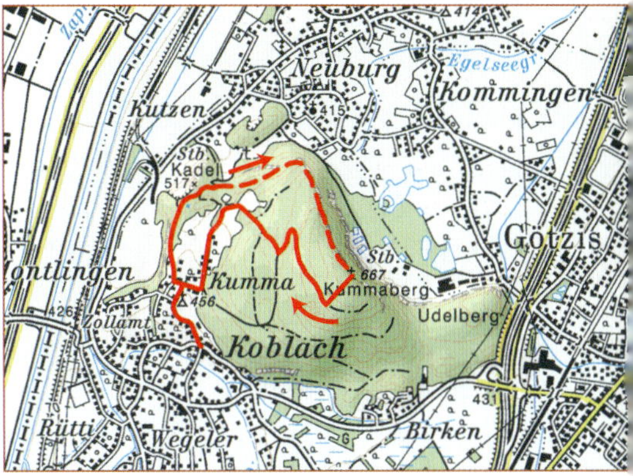

Mittel- und jungsteinzeitliche Waffen und Geräte von der Rhein- und Krinnenbalme am Kummenberg (Vorarlberger Landesmuseum)

Die Lager der Steinzeitjäger befanden sich oft im Schutz von überhängenden Felsen.

gangen ist. Nach der Rückkehr zu dem in Richtung Neuburg führenden Weg gehen wir zunächst nur bis zum **Nellenbürgle**. Das ist ein zehn Meter hoher Felsblock, der am Ende der Eiszeit aus den Wänden am Nordabfall des Kummenbergs abgestürzt war. Weniger eindrucksvoll, dafür aber kulturgeschichtlich bedeutsamer ist eine kleine Felswand bergseitig des Wegs, an deren Fuß bei Ausgrabungen Kulturschichten aus der Jungsteinzeit und Bronzezeit freigelegt worden sind.

Vom Nellenbürgle gelangt man auf einem Bergpfad durch den Mischwald des Haggen in einer halben Stunde zum höchsten Punkt am **Kummenberg**. Hier lässt sich das untere Rheintal bis zum Bodensee überblicken. Der dortige Wegweiser zeigt zur Rückkehr nach Koblach den kürzesten und zugleich bequemsten Weg. Zumeist ist es ein breiter Forstweg mit mäßiger Steigung. Beim so genannten **Stoabänkle** biegt unsere Route im Wald nach rechts auf einen Fußweg ab. Bald führt sie durch die Wiesenmulde des **Bofel** und zuletzt wieder durch die Parzelle **Kumma** zum Ausgangspunkt zurück.

Auf der Höhe des Kummenbergs bietet sich für die Rückkehr noch eine zweite Variante mit einer 20 Minuten längeren Gehzeit an. Dazu geht es über den Bösen Tritt auf einem Bergpfad etwas steil abwärts in Richtung **Birken**. Dort führt der Weg nahe am Bergfuß an einem Schießplatz vorbei. Hier sieht man aus der Entfernung die **Krinnenbalme**, die ebenfalls durch Funde seit der Steinzeit bekannt geworden ist. Vom Schießplatz ist es noch ein knapp halbstündiger Spaziergang zurück nach Koblach.

Im Gemeindeamt an der Ortsdurchfahrt ist ein **Museum für Ur- und Frühgeschichte** eingerichtet, das einen anschaulichen Überblick über das Leben der Menschen und die Bedeutung des Kummenbergs in der Urzeit vermittelt. Öffnungszeiten: Montag bis Freitag 8.00 – 12.00, 13.00 – 17.00 Uhr.

Nach dem Abschmelzen des eiszeitlichen Rheintalgletschers reichte der Bodensee weit ins Rheintal (Aquarell von Hans Strobl).

Die urzeitlichen Siedlungsplätze am Kummenberg

Wenn die Jäger der Steinzeit Lagerplätze suchten, wählten sie mit Vorliebe ein Gelände mit überhängenden Felsen aus, wo man als Wetterschutz ohne viel Aufwand einfache Biwaks einrichten konnte. So hat die archäologische Forschung am Kummenberg gezielt dort angesetzt, wo eine heute noch erhaltene Felsnische – auch Balme oder Abri genannt – am ehesten einen Grabungserfolg erhoffen ließ. Dabei wurde man an mehreren Stellen fündig. In der Rheinbalme, Krinnenbalme, beim Nellenbürgle und auf dem Kadel konnten mittel- und jungsteinzeitliche Kulturschichten freigelegt werden. Hinzu kommen Funde aus der Bronze- und Eisenzeit. Beim steinzeitlichen Lager in der Rheinbalme verraten die gefundenen Tierknochen eine reichhaltige Jagdbeute. Bezeichnend dafür sind die Knochen von Braunbär, Wolf, Wildschwein, Rothirsch, Dachs, Biber, Marder, Fuchs, Wildkatze, aber auch von Wasservögeln und Fischen.

Auf dem Kadel ließ sich für Vorarlberg das älteste Beispiel eines befestigten Siedlungsplatzes nachweisen. Die hier gefundenen Knochen stammten bereits überwiegend von Haustieren, hauptsächlich von Rind, Schaf, Ziege und Schwein. Mit dem Sesshaftwerden vollzog sich am Kummenberg der Übergang vom Jagdnomadentum zu einer bäuerlichen Lebensweise, mit der Viehzucht und Feldbau eingeführt worden sind. An der Wanderroute lassen nicht wenige sanfte Geländeformen erahnen, wo die fruchtbaren Lössböden schon in vorgeschichtlichen Zeiten gerodet und als Äcker und Viehweiden genutzt wurden.

Das erste Stück Österreich vor dem Arlberg

Der Kummenberg scheint so etwas wie ein Markstein in der Geschichte Vorarlbergs zu sein. Und das nicht nur deswegen, weil hier die urzeitlichen Vorfahren damit begannen, das Land nach und nach bewohnbar zu machen. Hier tat Vorarlberg im Mittelalter auch sozusagen den ersten Schritt nach Österreich. Genauer gesagt fingen die Habsburger im Jahre 1363 mit zielstrebiger Machtpolitik an, zugleich mit der Erwerbung von Tirol auch vor dem Arlberg Fuß zu fassen. Damit wollten sie auch eine Verbindung mit ihren Stammlanden in der Schweiz herstellen. Bis dahin war der Kummen als Hausberg der kleinen Herrschaft Neuburg seit mehr als zwei Jahrhunderten im Besitz der Ritter von Tumb gewesen. Die von den Montfortern bedrängten Herren von Tumb waren jedoch zuletzt so verschuldet, dass der Verkauf ihrer Burg und Herrschaft der letzte Ausweg war. Auf so eine Gelegenheit hatte Herzog Rudolf IV. von Habsburg gewartet. So kam die Herrschaft Neuburg 1363 um den Kaufpreis von 3300 Pfund Pfennig als erstes Gebiet auf dem Boden Vorarlbergs in habsburgische Hand. 14 Jahre später folgte ebenso im Kaufwege die Herrschaft Feldkirch. Danach dauerte es nicht mehr lange, bis der größte Teil des Landes österreichisch wurde.

Westabfall des Kummenbergs, wo unter überhängenden Felsen, den so genannten Rheinbalmen, steinzeitliche Lagerplätze gefunden wurden

Walserheimat Laterns

Von Innerlaterns nach Rankweil

Wegverlauf: Innerlaterns-Kühboden (1145 m) – Mazona (1200 m) – Oberbonacker – Laterns-Thal (925 m) – Suldis (817 m) – Rankweil (462 m)
Öffentliche Verkehrsmittel: Busverbindung 65 ab Rankweil oder Muntlix-Arken (Parkierungsmöglichkeiten im Arkahüsle oder Gewerbepark) zur Haltestelle Innerlaterns-Kühboden
Höhenunterschied: aufwärts insgesamt 200 m, abwärts 880 m
Gehzeit: 4½ Stunden
Einkehrmöglichkeiten: Kühboden, Laterns-Thal, Batschuns, Rankweil

Im **Laternsertal** erinnern viele rätoromanische Flurnamen an die frühe Erschließung als Jagd- und Alpgebiet. Hier sprach man noch im 12. Jahrhundert nicht von Laterns, sondern vom „monte glauturni". Im Jahr 1313 verlieh Graf Rudolf IV. von Montfort-Feldkirch das Gut „Glatterns" und die „alpe ze camphal" (Gapfohl) an sechs aus dem Wallis zugewanderte Familien. Bald wurde auch anderen „erbaren Wallisern" die Verleihung von Erblehen beurkundet. Damit ist es zu einer Dauerbesiedlung auf typisch walserische Art mit weit verstreuten Einzelhöfen gekommen. Die Bergbauern konnten auf richtige Dörfer leicht verzichten, doch in jedem Siedlungsgebiet sollte wenigstens ein Mittelpunkt mit einer Kirche oder Kapelle vorhanden sein. So entstanden auf der Sonnenseite die kleinen Schwerpunkte Thal, Bonacker und Innerlaterns. 1529 wurde Laterns mit der Kirche in Thal eine eigene Pfarrei. Die Steilhänge der gegenüberliegenden Schattenseite waren nur auf der Rodungsinsel Wies eine Zeit lang bewohnt.

Wenn man heute auf den sonnseitigen Wegen durch das Tal wandert, sich an der Idylle der bergbäuerlichen Kulturlandschaft und an reizvollen Ausblicken erfreut, könnte man leicht vergessen, wie entbehrungsreich hier das Bergbauerndasein in früheren Zeiten war. Da die Laternser von den Erträgen ihrer Landwirtschaft nicht leben konnten, wurde schon früh nach Zusatzverdiensten gesucht. Diese fand man in den vergangenen Jahrhunderten besonders durch Holzhandel mit dem Flößen von Brennholz auf der Frutz und durch das Herstellen von Kübeln aus Holz.

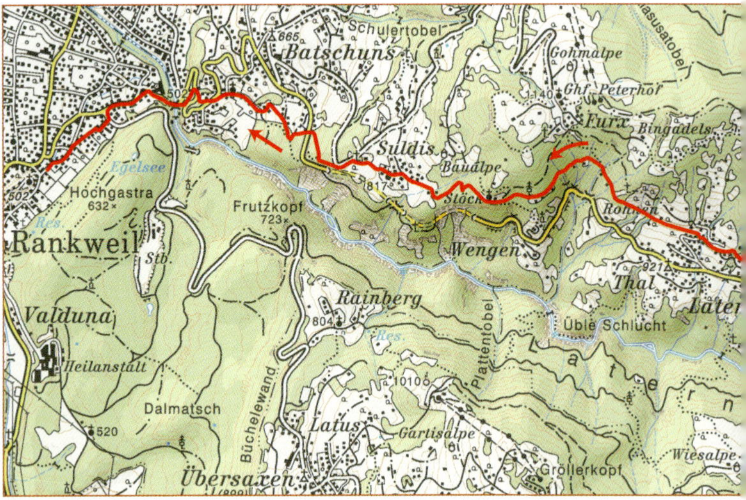

Von der Hangterrasse **Kühboden** oberhalb des Kirchdörfchens **Innerlaterns** geht man zuerst auf einer Forststraße, dann auf einem Fußweg etwa eine halbe Stunde aufwärts und erreicht im Tobel der **Stürchersäge** (1251 m) den höchsten Punkt der Wanderung. Von da ist es ein abwechslungsreicher Höhenspaziergang, der bald durch Bergwald und raue Tobel, bald durch blumenbunte Magerheuwiesen oder auch kleine Feuchtbiotope führt.

Stöckkapelle am Weg zwischen Thal und Suldis

In **Obermazona** und **Oberbonacker** gelangen wir in der Höhenlage von etwa 1200 m ü. M. in den obersten Bereich der heute noch ständig bewohnten Höfe des Tales. Von Oberbonacker führt die Route weiterhin abwechselnd durch Wiesen und Tobelwäldchen. Bald sieht man den Kirchturm des Dörfchens **Thal** vor sich. Noch zu Beginn des 20. Jahrhunderts verlief die Straße in Thal durch das Oberdorf, wo es damals auch zwei Gasthöfe gab. Dem Verlauf der alten Straße folgt auch unsere Wanderroute auf dem so genannten **Stöckweg**. Der historische Fahrweg ist an manchen Stellen aus dem Fels herausgehauen, zum Teil auch mit Bruchsteinen gepflastert. Der Weg führt durch Mischwald gemächlich aufwärts zur **Stöckkapelle**, von dort aber geht es steil abwärts zu der zur Gemeinde Zwischenwasser gehörenden Bergparzelle **Suldis** mit der St.-Josef-Kapelle am Weg. Dort spazieren wir ein paar Minuten auf der Gemeindestraße, biegen am Waldrand aber auf einen Waldweg ab, der zwischendurch etwas steil und steinig nach **Batschuns** führt. Beim Gasthaus **Waldrast** überqueren wir die Laternser Straße und kommen am Hang darunter durch den Wohnbereich Grätscha zur Kapelle Mariahilf in **Unterbatschuns**. Von da sind es auf dem markierten Weg nur wenige Minuten zur Frutzbrücke, über die wir die Talebene des Rheintals betreten und das Wanderziel **Rankweil** erreichen.

Die alten Zugänge ins Laternsertal

Die tief liegende Talsohle des Rheintals hat der Frutz nach dem Abschmelzen des eiszeitlichen Rheingletschers ein so starkes Gefälle gegeben, dass mit dem Durchschneiden der Felsschwelle die Üble Schlucht entstand. Durch diese unheimlich enge und buchstäblich üble Schlucht wurde der Zugang von Rankweil ins Laternsertal erschwert. Solange man dorthin nur Alpwege gebraucht hatte, war man einfach auf dem Bergrücken über Furx und den Alpwegkopf auf Höhenpfade ausgewichen. Dort oben verliefen auch die ersten Walserwege. Schließlich konnte ein Saumweg über Suldis und Stöck nach Thal hergestellt werden, der im 19. Jahrhundert behelfsmäßig befahrbar gemacht wurde. 1908 war endlich der Baubeginn für die in der heutigen Höhe trassierte Laternser Straße. In den 1930er Jahren konnte die Straße im inneren Tal bis zum Bad Laterns hergestellt werden. Nach dem Zweiten Weltkrieg wurde die Straße nach und nach den steigenden Verkehrsanforderungen angepasst und im Felsgelände durch neue Tunnel geführt.

Der Verbindung der Laternser und Damülser Walser diente bis ins 20. Jahrhundert nur ein bescheidener Saumweg über das Furkajoch. Für die Damülser Bergbauern war dieser Weg die wichtigste Verbindung mit der Außenwelt, weil sie sich ihr Brotgetreide zumeist aus dem Rheintal beschafften. Kreishauptmann Ebner berichtete 1836: *„Das ganze Getreide und Mehl muss aus anderen Gegenden herbeigeschafft werden, und zwar auf dem Rücken der Bewohner selbst, denn in ganz Damüls befindet sich – ein Beweis für die Armut des Tales – in der Regel kein einziges Saumpferd.“* Ab 1900 verfügten die Damülser wenigstens über eine bescheidene Fahrwegverbindung nach Au im Bregenzerwald. Erst 1970 wurde die Straße vom Laternsertal über das Furkajoch eröffnet. Die im Winter gesperrte Jochverbindung dient vorwiegend als Touristenstraße. Nun ist es im Sommer freilich auch nicht mehr zu überhören, welchen Spaß Motorradfahrer daran haben, mit Vollgas durch das Tal zu „schränzen“. So fehlt der Straße über das Furkajoch zur „freien Fahrt für freie Bürger“ nur noch der Erfolg, dass die Fortschritte des motorisierten Verkehrs weniger lautstark bewiesen werden.

Laterns-Thal von der Wiesalpe aus gesehen

St. Corneli und Burg Tosters

Umschau am Schellenberg

Wegverlauf: Feldkirch-Nofels, Pfarrkirche (444 m, Parkplatz) – Auf der Egg (595 m) – St. Corneli (530 m) – Burg Tosters (561 m) – Nofels
Öffentliche Verkehrsmittel: Stadtbus zur Haltestelle Nofels-Kirche
Höhenunterschied: insgesamt 190 m
Gehzeit: 1¾ Stunden
Einkehrmöglichkeiten: Nofels, Auf der Egg, St. Corneli

Der **Schellenberg** ist einer der ältesten Ansatzpunkte der Besiedlung des Rheintals. Als Inselberg inmitten einer in Urzeiten großteils versumpften Talwildnis war er wie der Kummenberg schon in der Mittelsteinzeit ein bevorzugter Stützpunkt von Jagdnomaden. Auf den Anhöhen Borscht, Malanser und Lotzagüetle bestanden in der Jungsteinzeit und Bronzezeit feste Siedlungsplätze, von denen mit Feldbau und Viehzucht die frühe Kultivierung ausging. Im 12. Jahrhundert kam der größere südliche Teil des Höhenrückens in den Besitz der aus Bayern stammenden Herren von Schellenberg. Die Burg und Herrschaft Schellenberg wechselte ab dem Spätmittelalter wiederholt den Besitzer und wurde schließlich 1699 vom Fürsten von Liechtenstein erworben. Auf dem nördlichen und Vorarlberg zugehörenden Ausläufer des Bergrückens erinnert die Ruine von Burg Tosters auch an den montfortischen Herrschaftsehrgeiz am Schellenberg. Diese Burgruine liegt an der Route unserer Rundwanderung.

Vom Wegweiser zwischen der Pfarrkirche **Nofels** und der Kreisverkehr-Straßenkreuzung geht man auf einem bequemen Waldweg am Nordhang des Schellenbergs aufwärts. Ab der Parzelle **Schüttenacker** führt der Weg meistens über waldfreie Hanglagen, die bis ins 19. Jahrhundert auch für Weinbau genutzt worden waren. Im Aufwärtsgehen öffnen sich Ausblicke ins Rheintal bis zum Pfänder. Auf der Anhöhe **Auf der Egg** nahe der österreichisch-liechtensteinischen Staatsgrenze weitet sich die Aussicht über das Schweizer Rheintal hinweg bis zum Alpstein, zu den Churfirsten und zur Alviergruppe. Wenn man vom Bergrücken auf der Egg am dortigen Gasthaus vorbei auf einem Waldweg weitergeht, gelangt man nach wenigen Minuten in die Wiesenmulde von **St. Corneli**. Auch da betreten wir uraltes Kulturland. Von der alten Kirche

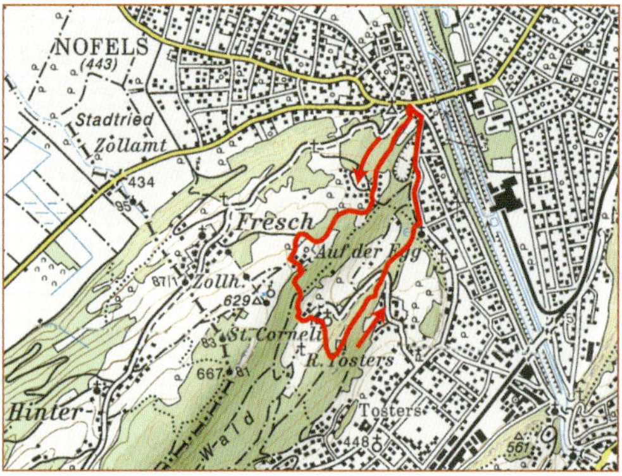

kommt man auf einem Waldweg in einer knappen Viertelstunde zur Ruine von **Burg Tosters**, von der man vor dem Aufkommen des heute ringsum geschlossenen Waldes weite Ausblicke hatte. Von der nordöstlichen Burgmauer führt ein Fußweg über einen bewaldeten Bergsporn talwärts. Nahe der Talebene erblickt man die Waldkapelle **St. Wolfgang,** die 1448 erbaut worden war. In ihrer Nähe wurden viele Krieger bestattet, die 1499 in der Schlacht bei Frastanz umgekommen und aus der damals hier vorbeifließenden Ill geborgen worden waren. Vom Waldrand unterhalb der Kapelle gelangt man auf einer wenig befahrenen Nebenstraße in zehn Minuten nach Nofels zurück.

Die alte Pfarrkirche St. Corneli

Die den Heiligen Cornelius und Cyprian geweihte Kirche auf der „Rüti" – so wurde vor Zeiten die Gegend benannt – ist eines der ältesten Gotteshäuser Vorarlbergs. Bei Ausgrabungen im Jahre 1990 wurden Fundamente einer kleineren gotischen und einer noch älteren romanischen Kirche freigelegt. Im 11. und 12. Jahrhundert, als in Tosters erst wenige Bauernfamilien wohnten, besaß das Schweizer Frauenkloster Schänis hier einen Gutshof, zu dem auch die Kirche gehörte. Die ältesten Teile der heutigen Kirche dürften zumindest auf das 11. Jahrhundert, wenn nicht sogar in karolingische Zeit zurückgehen. Im 17. Jahrhundert

St. Corneli

erfolgten Umbauten mit Vergrößerung des Kirchenschiffs und Erhöhung des Turms. Das Innere wurde bei späteren Renovierungen wiederholt verändert. So entstand 1953 das den Märtyrertod des heiligen Cyprian darstellende Deckengemälde von Martin Häusle. Die Kirche von St. Corneli war in früheren Jahrhunderten eine der meistbesuchten Wallfahrtskirchen des Landes. Bis 1881 diente sie dem Dorf Tosters als Pfarrkirche.

Die tausendjährige Eibe

Hinter der Kirche befindet sich eine uralte Eibe, die weitum als die „tausendjährige Eibe" bekannt ist. So alt ist der stattliche hohle Baum zwar nicht, doch durch die Legende, die Gottesmutter selbst habe hier einmal eine Rast gemacht, ist sie für die Volksfrömmigkeit seit Jahrhunderten mehr als ein Naturdenkmal. Dieser besondere Ruf hat der Eibe allerdings nicht sehr gut getan, weil es viele Gläubige nicht unterlassen konnten, immer wieder Rindenstücke abzuschneiden. Es bedurfte aber auch wegen des hohlen Inneren aufwändiger Sanierungen, um den Baum am Leben zu erhalten.

Burg Tosters

Bergfried von Burg Tosters

Die Montforter Grafen kamen zu Beginn ihrer Herrschaft noch mit wenigen Burgen aus. Durch ihre Erbteilungen und Erbstreitigkeiten hielten es ihre Nachkommen im 13. und 14. Jahrhundert aber auch in immer kleiner werdenden Herrschaftsbereichen für nötig, mit eigenen Burgen ihre wehrhafte Selbständigkeit zu beweisen. Mit ihren Ansprüchen lebten sie freilich oft großspurig über die Verhältnisse, ohne zu bedenken, wie ihre leibeigenen Untertanen darunter mit harten Frondiensten zu leiden hatten. Ein Beispiel ist die in der zweiten Hälfte des 13. Jahrhunderts erbaute Burg Tosters. Ihre Ringmauer umfasste von Anfang an ein so großes Areal, dass man hätte vergessen können, wie klein der zwischen dem Blasenberg und dem Rhein gelegene Herrschaftssprengel war. An

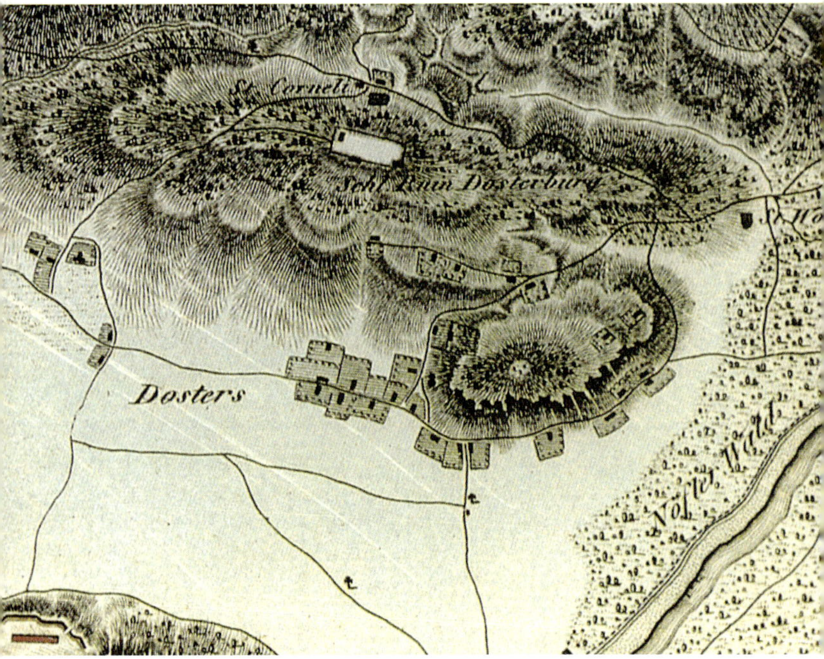

Tosters, St. Corneli und Burgruine im Ausschnitt aus einem Plan zur Schlacht um Feldkirch von 1799

der Burg wurde auch im 14. und 15. Jahrhundert weitergebaut. Dabei wurde der Bergfried mit seinen drei Meter dicken Mauern auf sechs Stockwerke mit insgesamt 28 Metern erhöht. Daneben befand sich das Wohngebäude (Palas). Wie viele andere Burgen Vorarlbergs ging die Burg Tosters 1405 im Appenzellerkrieg in Flammen auf. Sie wurde aber bald wieder aufgebaut, wechselte ein paarmal den Besitzer, geriet seit dem 16. Jahrhundert aber immer mehr in Verfall. Ein ähnliches Schicksal widerfuhr der benachbarten Burg Schellenberg, von der heute ebenfalls nur mehr eine Ruine zu sehen ist.

Als die Ruine von Burg Tosters 1895 an den österreichischen Thronfolger Franz Ferdinand verkauft wurde, erwarteten manche, dass sich die Burg bald in neuem Glanz präsentieren werde. Mit dem Tod des Erzherzogs, dem Ersten Weltkrieg und dem Untergang der Monarchie verflogen aber auch die Träume von einem kaiserlichen Prachtbau. Mit den 1938/39 und 1974–1980 vorgenommenen Restaurierungsarbeiten ist es immerhin gelungen, die Gemäuer so zu erhalten, dass sie die Fantasie mit Erinnerungen an eine vermeintlich „gute alte Ritterzeit“ auf andere Weise zu beflügeln vermögen.

An der Urpforte des Walgaus

Zwischen Valduna und Vatlära

Wegverlauf: Göfis-Tufers (490 m, Parkierungsmöglichkeiten) – Schwarzer See (560 m) – Vatlära (720 m) – Spiegelstein (780 m) – Tufers
Öffentliche Verkehrsmittel: Busverbindung 67 zur Haltestelle Göfis-Tufers
Höhenunterschied: insgesamt 310 m
Gehzeit: 3¼ Stunden
Einkehrmöglichkeiten: Göfis, Schwarzer See

Unsere Route beginnt und endet an einer der ältesten Wegverbindungen Vorarlbergs, die zwischen Rankweil und Satteins seit Urzeiten ein Hauptzugang vom Rheintal in den Walgau war.
Vom Sunnahof in **Göfis-Tufers** gelangt man auf einem ebenen Feldweg zur Parzelle **Vierhäuser**. Von dort gehen wir auf einem Forstweg ein paar Minuten aufwärts bis zur Abzweigung eines Fußweges, der zwischen Felssturzblockwerk des Spiegelsteins die Verbindung zum **alten Walgauweg** herstellt. Von diesem historischen Hauptweg lernen wir hier noch einen letzten gut erhaltenen Rest kennen, bis wir am Schwarzen See wieder auf die heutige Walgaustraße kommen. Der **Schwarze See** ist erst im Mittelalter entstanden, als ein Bergsturz vom Spiegelstein die Hangwässer aufstaute. 1876 ereignete sich neuerlich ein Felssturz, bei dem auch ein Teil des Fahrwegs verschüttet wurde.

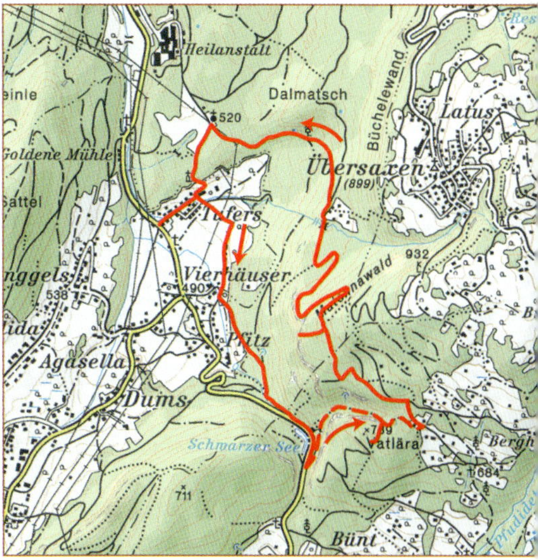

Etwas oberhalb des Schwarzen Sees zeigt ein Wegweiser eine Abzweigung, der wir nach dem Überqueren der Straße in Richtung Vatlära folgen. Nun führt ein zum Teil etwas steiniger Weg durch das wild-romantische Waldtälchen **Ifigoppa**, das so urig naturbelassen ist, als sei hier die Zeit schon seit langem stehen geblieben. Nach einem etwas steilen Anstieg erreichen wir im **Bäraloch** eine kleine Verebnung. Hier lohnt es sich, von unserer Rundroute ein wenig abzuweichen, indem wir auf einem Fahrweg ein kleines Stück nach rechts gehen. Dort sehen wir den **gespaltenen Stein**, von dem die Sage erzählt, dass sich dort das Nachtvolk oft herumgetrieben habe. Oberhalb des Fahrweges haben wir die bewaldete Kuppe der **Vatlära** (720–740 m) vor uns, die in vorgeschichtlicher Zeit besiedelt war.

Urgeschichtliche Höhensiedlungen

Bei den Anhöhen Vatlära und Heidenburg östlich und westlich des Schwarzen Sees konnten bei Ausgrabungen Siedlungsspuren entdeckt werden, die bis in die Bronzezeit zurückreichen. Auf dem Horst der Vatlära ließen sich zwei Höfe mit einer 180 Meter langen äußeren Umfassungsmauer unterscheiden. Die Fundstücke – u. a. ein Steinbeilchen, urnenfelderzeitliche Keramikstücke und Knochen – lassen zur ursprünglichen Funktion dieser Anlage allerdings noch manche Fragen offen. Nach dem bisherigen Befund wird vor allem an eine Fluchtsiedlung gedacht.

Bei der Heidenburg konnte zwar ebenfalls eine bronzezeitliche Besiedlung nachgewiesen werden, hinzu kamen aber auch Funde aus der Eisenzeit und aus spätrömischer Zeit (mit Münzen). Hier war der in einer Länge von fast 200 Metern burgähnlich gesicherte Höhenrücken sogar noch im Mittelalter zeitweise bewohnt. Zum Kennenlernen dieses Bereichs empfiehlt sich eine von Göfis-Kirchdorf ausgehende Rundwanderung über Büttels – Heidenburg – Heidenweg – Dums (Gehzeit 1½ Stunden).

Von der Vatlära gehen wir wieder zurück zum Bäraloch und auf einem Waldweg weiter aufwärts bis zu einer wenig befahrenen Bergstraße. Dieser folgen wir nur ein kurzes Stück und biegen dann auf einen Fahrweg durch den **Glathwald** ab. Auf dem Fahrweg gehen wir ein kurzes Stück abwärts bis zu einem bergseitig abzweigenden Fußweg, der uns zur Höhe des Spiegelsteins hinaufführt. Dort zeigt ein Wegweiser den Zugang zum nahen **Spiegelstein-Aussichtspunkt** über senkrecht abfallenden Felswänden. Hier hat man den besten Blick auf Göfis. Das heutige Bild der zersiedelten Landschaft ist allerdings bei weitem nicht mehr so reizvoll wie die idyllischen Ansichten von Göfis bis zur Mitte des 20. Jahrhunderts. So blickt man gerne darüber hinweg zur Hintergrundkulisse der Schweizer Berge zwischen der Alviergruppe und den Appenzeller Wald- und Wiesenkuppen.

Vom Spiegelstein führt uns ein Forststräßchen im Bergwald talwärts bis zum Waldrand beim **Valduna-Friedhof**. Der 1876 angelegte Friedhof gehörte zur früheren Wohltätigkeits- und Irrenanstalt Valduna, er wurde aber auch zur letzten Ruhestätte für russische Kriegsgefangene des Zweiten Weltkriegs. Von da folgen wir bis Tufers wieder dem Verlauf der historischen Wegverbindung, die sehr wahrscheinlich schon als Römerstraße gedient hat.

Ein Vorzugsgebiet der Vorarlberger Frühgeschichte

Im Gebiet von Göfis begegnen wir auf Schritt und Tritt den Spuren der Eiszeit. Hier vereinigte sich der Illgletscher mit dem Rheingletscher und modellierte mit dem Schurf der gewaltigen Eismassen jahrtausendelang das Relief. Vor 14.000 Jahren waren die Hanglagen der Sonnenseite schon aper, während der Talgrund samt den Feldkircher Illschluchten noch mit Eis bedeckt war. So hatten sich die von den Hängen und aus dem Großen Walsertal fließenden Bäche in einem Eisrandfluss gesammelt, der durch die Senken von Schwarzem See und Valduna in den damals bis ins Vorderland reichenden Bodensee floss. Er lagerte im Vorderland zusammen mit der Frutz Schotter, Sand und Schlamm ab. Mit der Zeit konnten auf den flachen Schwemmfächern fruchtbare Böden entstehen. Nach dem Verschwinden der Gletscher dauerte es nicht mehr lange, bis sich wieder Vegetation – anfangs Zwergstrauchtundra, bald Birken-Föhren-Wälder – ausbreitete. Die Jäger der warmen mittleren Steinzeit fanden bereits eine üppige Waldwildnis vor.

Am Schwarzen See

Ein Rest des alten Walgauwegs oberhalb von Göfis-Pfitz

Bei der frühen Suche nach Wohnplätzen hatten die Menschen eine Vorliebe für so kupiertes Gelände, wie man es hier am Talrand abseits von Sümpfen und reißenden Flüssen antreffen konnte. Zum bäuerlichen Sesshaftwerden gab es in den sonnigen Lagen zudem genug gute Feld- und Weidegründe. So konnten die Archäologen im Übergang vom Rheintal zum Walgau mit vielerlei Funden ein Vorzugsgebiet der bronzezeitlichen Besiedlung nachweisen. Da ergab es sich von selbst, dass der Urweg durch die Senke des (damals noch nicht vorhandenen) Schwarzen Sees zu einem immer häufiger begangenen Hauptweg wurde. Es ist durchaus möglich, dass die alten Ortsnamen von Rankweil (*Ranguila*), Göfis (*Segavio*) und Satteins (*Sattaginis*) auf vorrömische Namen zurückgehen. Während der Römerzeit war die Gegend mit der Straßenstation *Clunia* bei Altenstadt und anderen Siedlungen in Rankweil (Liebfrauenberg, Weitried), Göfis (Heidenburg, Hochwindenkopf) und Satteins (Rühe) einer der wichtigsten Siedlungsschwerpunkte im Lande. Der Schwerpunktcharakter blieb nach dem Ende der Römerherrschaft noch lange erhalten, zumal Rankweil mit seinem Gaugericht bis ins Hochmittelalter ein Hauptort von Unterrätien blieb. Dazu passt, dass auch die erste Montforterburg – Altmontfort ob Weiler – bald nach 1200 im Vorderland entstanden ist. Erst nach der Gründung von Feldkirch im 13. Jahrhundert begann das uralte Kerngebiet Vorarlbergs seine ursprüngliche Bedeutung als Hauptpforte des Walgaus zu verlieren.

Von dem, was vorher war, ist in der heutigen Landschaft nicht mehr viel zu sehen. Viele Spuren der frühen Besiedlung liegen noch unter Wald- und Wiesenböden verborgen. Man darf neugierig sein, welche Überraschungen mit der Zeit noch zum Vorschein kommen werden. Nur schade, dass die Zeugnisse der Ur- und Frühgeschichte bei Erdaushüben nicht immer erkannt und beim eifrigen Baggern allzu oft übersehen und zerstört werden.

Spaziergang über den Jordan

Kulturlandschaft der Walgau-Sonnenseite

Wegverlauf: Bludesch, Ortsmitte (531 m) – Vanovagasse – Jordan (620 m) – Runkelina (580 m) – Ruine Jagdberg (567 m) – Schlins (502 m)
Öffentliche Verkehrsmittel: Busverbindung 78 zu den Haltestellen Bludesch-Dorfzentrum und Schlins-Postamt. Tipp: Bei Anreise mit dem eigenen Fahrzeug empfiehlt es sich, dieses bei der Pfarrkirche in Schlins abzustellen und von dort mit dem Landbus nach Bludesch zu fahren.
Höhenunterschied: 120 m
Gehzeit: 2 Stunden
Einkehrmöglichkeiten: Bludesch, Schlins

Das Walgaudorf **Bludesch** blickt auf eine lange Geschichte zurück. Im churrätischen Reichsurbar von 842 wurde es als „villa Pludassis“ mit einem Herrenhof und einer eigenen Kirche erwähnt. Daneben wurde damals mit dem Namen „Cise“ auch der Ortsteil **Zitz** genannt. Hier lohnt es sich, bei der **Kirche St. Nikolaus** schon gleich zu Beginn der Wanderung einen Halt zu machen. Das kleine Gotteshaus mit dem eigentümlichen, aus Tuffsteinquadern gemauerten Turmhelm ist eine der ältesten Kirchen Vorarlbergs und zugleich in ihrer Ausstattung eine Besonderheit. Der spätromanische Bau bestand bereits im Hochmittelalter. Am damaligen Aussehen haben auch spätere bauliche Ergänzungen, wie etwa der Sakristeianbau von 1630, nichts Wesentliches verändert. Eine Rarität sind die 1949 unter Putzschichten freigelegten Fresken an der Westwand, die um 1330 entstanden sein dürften. Sie stellen das Weltgericht dar; in der linken Bildhälfte mit dem Zug der Seligen, in der Mitte Christus mit Maria und Johannes, rechts die zum Höllensturz Verdammten. Zu den Besonderheiten der Kirche gehören auch die unterschiedlichen Möblierungen auf der Frauenseite (nur Sitzbalken) und auf der Männerseite (mit Armstützen zum Knien, aber – mit Ausnahme der ersten Reihe – ohne Sitzbalken).

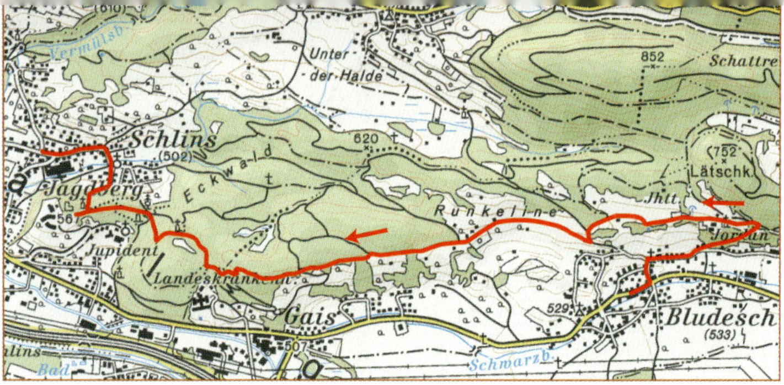

Von der Kirche St. Nikolaus geht man am Hangfuß etwa 200 Meter auf der alten Landstraße in Richtung Thüringen bis zum Waldrand, wo ein bergwärts führender Fußweg, die **Vanovagasse**, abzweigt. Der Name ist eine Verballhornung von „*via nova*“, womit eine im Spätmittelalter gebaute „neue Straße“ gemeint war. An diesem romantischen Bergweg durch das **Propstwäldle** erinnern alte Terrassenmauern daran, dass der Sonnenhang bis zum Ende des 19. Jahrhunderts als Weinberg bebaut war. Ab der nächsten Wegkreuzung führt ein fast ebener Feldweg über die Hangterrasse Jordan, wo wir inmitten von Obstwiesen am Brockhof und an der hinter Gebüsch versteckten Ruine des Ansitzes Jordan vorbeikommen.

Weshalb die sonnige Hangterrasse ob dem Ortsteil Zitz den Namen **Jordan** trägt, ist unbekannt. Urkundlich scheint der Name erstmals 1425 auf, als ein Hans Harnasch der Propstei St. Gerold einen „Weingarten Jordan“ nebst zwei Wiesen, oberhalb von Bludesch gelegen, verkaufte. 1565 erwarb der Feldkircher Stadtammann Christoph Brock das Gut und den Weingarten Jordan. Auf ihn geht die heute noch gebräuchliche Bezeichnung **Brockhof** zurück. Nach dem Tod des Stadtammanns kam das Gut Jordan in den Besitz des Reichshofrates Georg Ludwig von Lindenspeur, der hier 1653–1655 ein Schloss erbauen ließ. Gemäß seinem Testament gelangte der Besitz 1673 an das Reichsstift Weingarten, von welchem das Schloss zeitweise als Erholungssitz und als Amtshaus verwendet wurde. Nach wiederholtem Besitzwechsel zu Beginn des 19. Jahrhunderts wurde das Gebäude immer baufälliger. 1835 ist in der Häusle-Chronik vermerkt: „Das Schloß Jordan erhielt sich bis zum J. 1808, wo es um geringen Preis verkauft wurde und seitdem trauert es als Ruine.“ Was von den Mauerresten heute noch erhalten ist, ist wegen Einsturzgefahr nicht zugänglich.

Der bequeme Wanderweg führt Richtung Schlins mit geringen Höhenunterschieden einer Hangterrasse entlang durch eine alte Kulturlandschaft nach **Runkelina**. Beim Blick ins Tal hat der in der

Gemauerter Turmhelm der Kirche St. Nikolaus

Eiszeit stromlinienförmig modellierte Hügel **Zilli** einen eigenen Reiz. Wie auf Jordan gab es früher in den heute als Magerwiesen genutzten Hanglagen großflächige Rebkulturen. Ab Runkelina spazieren wir abwechselnd auf Fahrwegen und Waldpfaden durch den schönen Mischwald von **Buchholz** und **Geißholz** zur **Burgruine Jagdberg**. Von der Ruine geht man drei Minuten zurück bis zum Wegweiser, der die Abzweigung des Burgwegs anzeigt. Auf diesem Waldweg gelangt man in wenigen Minuten zur Pfarrkirche von **Schlins**.

In den ersten urkundlichen Erwähnungen wurde das Dorf **Schlins** „scliene" (821), „Escliene" (842) oder „Sline" (949) genannt. Nach einer Teilung der Herrschaft Montfort-Feldkirch war Schlins von 1299 bis 1806 Mittelpunkt und Gerichtsort der Herrschaft Jagdberg, zu der auch Satteins, Röns, Schnifis, Düns und Dünserberg gehörten. In Schlins stand schon im 9. Jahrhundert eine Hilariuskirche.

Die im 12. oder 13. Jahrhundert erbaute **Burg Jagdberg** wurde 1405, 1450 und 1499 durch Feuer zerstört, nach jedem Brand wiederhergestellt, ab dem 18. Jahrhundert aber dem Verfall preisgegeben.

Feldweg auf der Wiesenterrasse des Brockhofs

Route 19

Blumenegg

Zwischen Thüringen und Thüringerberg

Wegverlauf: Thüringen, Ortsmitte (551 m, Parkierungsmöglichkeiten) – Wasserfall – Montiola-Weiher (687 m) – Thüringerberg (877 m) – Burgruine Blumenegg (685 m) – Thüringen
Öffentliche Verkehrsmittel: Busverbindungen 73, 77 und 78 zur Haltestelle Thüringen-Gemeindeamt
Höhenunterschied: 330 m
Gehzeit: 2½ Stunden (Thüringen – Thüringerberg 1¼ Stunden)
Einkehrmöglichkeiten: Thüringen, Thüringerberg

Wenn man heute von **Blumenegg** spricht, ist für viele nicht ganz klar, was damit gemeint ist. Die meisten denken dabei nur an die Burgruine Blumenegg. Wenn hingegen von einem Landesteil im Umfang der früheren Herrschaft Blumenegg die Rede ist, spricht man heute von Blumenegg-Gemeinden. Doch jede dieser Gemeinden ist eine kleine Welt für sich. Eine solche ist zum Beispiel Thüringen oder „Türig“, wie die Einheimischen sagen. In den ältesten urkundlichen Erwähnungen des 9. Jahrhunderts ist von „Turingos“ oder „Turinga“ die Rede. Bei den Höfen am Berghang sprach man damals von „Montaniolos“. Wenn man diese kleinen Heimatinseln genauer betrachtet, wird verständlich, weshalb kein Einheimischer auf die Idee kommt, sich als „Blumenegger“ zu bezeichnen. Doch für Wanderer empfiehlt es sich noch immer, dieses Blumenegg als zusammenhängende uralte Kulturlandschaft näher kennen zu lernen.

In **Thüringen** gelangt man von der Bushaltestelle an der Walgaustraße schon in 3 Minuten zum alten Ortskern am Hangfuß. Von dort gehen wir durch den Sägawinkel und die Schmiedgasse bergwärts. Schon diese Namen verraten, dass es hier früher Handwerksbetriebe gab, welche die Kraft des Schwarzbaches nutzten.

Dieser Wasserkraft hat Thüringen auch die frühe Industrialisierung zu verdanken. Wo am Hang heute Wohnblocks stehen, befand sich die 1837 vom schottischen Unternehmer John Douglas gegründete Baumwollspinnerei und -weberei, die damals als der modernste Industriebetrieb im Lande galt. Von der Schmiedgasse geht man nur ein kurzes Stück der Hauptstraße entlang zur Abzweigung eines Fußweges am Schwarzbach. Nun sieht man bereits den etwa 30 Meter hohen **Wasserfall** vor sich. Der Weg windet sich nahe am Wasserfall bis zur ebenen Hangterrasse von **Quadern** mit den idyllischen **Montiola-Weihern**. Wer beim Weg herauf über den Zweck der noch erhaltenen Druckrohrleitung gerätselt haben mag, sieht hier den Stauweiher, in dem das Wasser der Montiola-Quellen gesammelt wurde, um in der Textilfabrik die erste wassergetriebene Turbine der Monarchie anzutreiben.

In Quadern queren wir die Wiesen einer auffallend breiten Hangterrasse. Diese verdankt ihre Entstehung einem eiszeitlichen Schmelzwasserfluss aus dem Großen Walsertal, der vor etwa 13.000 Jahren am Rand des Illgletschers floss. Beim Aufwärtsgehen auf einem bequemen Wirtschaftsweg führt die Route durch ein abwechslungsreich gegliedertes und ebenfalls eiszeitlich modelliertes Gelände. Dabei lässt sich freilich nicht immer auf den ersten Blick unterscheiden, welche Formen durch Eisschurf, Ablagerungen von Gletscherschutt (Moränen), durch Hangrutschungen oder durch frühere Bergbäche entstanden sind. Indem sich die traditionelle Land-

Montiola-Weiher in Thüringen

Wasserfall am Weg zu den Montiola-Weihern

wirtschaft dem häufigen Wechsel der natürlichen Verhältnisse angepasst hat, erweckt die schön erhaltene Kulturlandschaft den Eindruck eines Naturparks, bei dem es neben Fettwiesen verschiedenste Variationen von Magerwiesen mit Hecken und Baumgruppen gibt. Wenn man im Frühsommer die bunt blühenden Bergwiesen sieht, mag man leicht zur Überzeugung kommen, dass dieser Übergang vom Walgau ins Große Walsertal das eigentliche „Blumeneck" ist.

Beim Wegweiser auf der Hangterrasse von **Pargrand** (von rätoromanisch *„pra grand"* – „große Wiesen") halten wir nach links und gehen weiter aufwärts bis zum Thüringerberger Ortsteil **Außerberg**. Nach dem Queren der ins Große Walsertal führenden Straße folgen wir ein kurzes Stück einer Hofzufahrt bis zu einem bachlosen Tobel, wo wir auf die „alte Landstraße" treffen. Das ist heute freilich nicht viel mehr als ein Wiesenpfad, bei dem man sich kaum mehr vorstellen kann, dass hier bis 1907 Pferdefuhrwerke gefahren sind. Nun zieht sich die Route durch die Furche eines eiszeitlichen Schmelzwasserbaches, der hier am Eisrand des Illgletschers floss. Von Außerberg ist es nicht mehr weit ins Dörfchen **Thüringerberg** mit seiner schmucken Pfarrkirche.

Für den Rückweg ins Tal wählen wir einen anderen Routenverlauf. Dazu biegen wir nach der Straßenbrücke nach links auf ein Sträßchen ab, das dem **Schlosstobel** entlang zur nächsttieferen Straßenbrücke führt. Dort überqueren wir den Tobel und kommen bald danach im darunterliegenden Wald zur **Burgruine Blumenegg**. Auf dem alten Burgweg erreichen wir die Lutzau und bald danach die Lutzbrücke der Walgaustraße. Auf einem neben der Straße verlaufenden Fußweg gelangt man schon nach wenigen Minuten zum Ortsrand von Thüringen und von dort auf der alten Landstraße zum Ortskern, in dem wir die Rundwanderung begonnen haben.

Schloss Blumenegg

Der Bau der *„Veste Blumeneck"* wird den Grafen von Montfort-Werdenberg zugeschrieben, die sich 1258 von den Feldkircher Montfortern getrennt hatten. Die Burg wurde zum Mittelpunkt der

Herrschaft Blumenegg, die gegen Ende des Mittelalters Bludesch, Thüringen, Ludesch und den größten Teil des Großen Walsertals umfasste. Die frühen Besitzer hatten wiederholt Kriegshändel, bei denen auch die Burg mehr als einmal verwüstet worden ist. Nachdem sie 1405 vom Bund ob dem See zerstört worden war, wurde sie von den Freiherren von Brandis in Besitz genommen und vergrößert wieder aufgebaut. 1610 kam Blumenegg an die schwäbischen Grafen von Sulz, 1612 an das Reichsstift Weingarten. Nach der Auflösung der geistlichen Grundherrschaft im Jahre 1802 wurde das Gebiet vorübergehend dem Prinzen Wilhelm von Oranien-Nassau zugesprochen, 1804 schließlich vom Hause Habsburg erworben. Als Blumenegg nun endlich wie die umliegenden Vorarlberger Herrschaften österreichisch wurde, war das Schloss Blumenegg bereits eine Ruine. Nach einem Brand im Jahre 1774 ist es nicht mehr aufgebaut worden.

„*Sic transit gloria mundi.* – So vergeht der Glanz der Welt." Der heutige Anblick der Mauerreste bietet immerhin eine reizvolle Harmonie von Natur und Kultur. Genau das ist es, was besonders die Dichter der Romantik bezauberte. Das hat aber auch einen nicht unkritischen Schriftsteller wie Norman Douglas in seinem Buch *Together* (1923, deutsch *Wieder im Walgau)* höchst beglückt bekennen lassen: *„Nimmt man alles in allem, hat man Europa durchstreift und andere Gebiete auf der Suche nach dem Malerischen, hat man unzählige Landschaften und Ruinen bewundert, so bleibt diese zerstörte alte Veste Blumenegg da oben einer der prächtigsten Orte der Welt. Hier wohnt die Verlassenheit selbst, eine harmonische Verlassenheit zwischen verträumten Tannen und Buchen. Tannen innen, Tannen und Buchen außen. Das Dach fehlt und ebenso fast alle inneren Teilungswände. Nur das Gerippe bleibt übrig, das Gerippe, diese massive Außenmauer aus halb behauenen Steinklötzen und rauen, vom Wasser abgeschliffenen Geröllblöcken, die man aus dem Lutzbett heraufgeschleppt hat. Sie ist mit Moos bedeckt, wo überall nur Moos wachsen kann. Aus dem Moos sprießen kleine Tannen und kleine Buchen, die ihre Nahrung aus den alten Steinen ziehen. Sie schmücken die Ruine. So ist Blumenegg von der Natur eingehüllt, und die Natur ist hier unberührt geblieben. Ein Märchenschloss!"*

Mauerreste von Schloss Blumenegg

Einblicke ins Große Walsertal

Auf dem Raggaler Panoramaweg

Wegverlauf: Raggal, Kirchplatz (1015 m, Parkplatz) – Wiesweg – Ludescherberg – Grüneck (1135 m) – Labomweg – Rapiert (1120 m) – Raggal
Öffentliche Verkehrsmittel: Busverbindung 78 zur Haltestelle Raggal-Abzweigung
Höhenunterschied: 130 m
Gehzeit: 2 Stunden
Einkehrmöglichkeiten: Raggal, Ludescherberg (Jausenstation)

Raggal – im Mittelalter noch mit dem romanischen Rodungsnamen „Runcal" bezeichnet – verdankt der Nähe zum Walgau die frühe Besiedlung. Auch nach der Niederlassung von zugewanderten Walserfamilien im 14. Jahrhundert bewahrte Raggal eine starke Nahbeziehung zum Walgau. Kirchlich gehörte der Ort bis 1586 zur Mutterpfarre Ludesch. Die Besiedlung des inneren Talgebiets erfolgte hauptsächlich von Raggal aus, über das auch der meistbenützte Zugangsweg führte. Mit Sonntag war Raggal bis 1806 durch ein gemeinsames Walsergericht verbunden. Im Unterschied zu den anderen Walsergemeinden an den südexponierten Steilhängen zwischen Lutz und Walserkamm haben die Raggaler im Schatten des Hohen Fraßen zwar weniger Sonne, dafür aber den Vorteil von weniger steilen Hanglagen. Von den aussichtsreichen Hangterrassen Raggals lässt sich zudem der beste Überblick über die landschaftliche Eigenart des Großen Walsertals gewinnen.

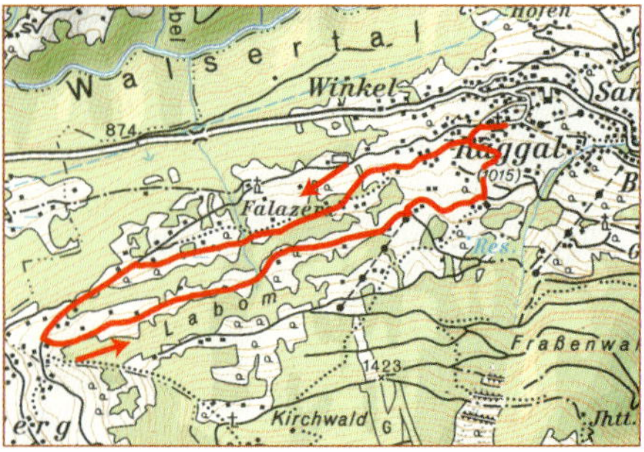

Für die vorgeschlagene Rundwanderung ist der **Kirchplatz** von Raggal mit der alten Pfarrkirche (gotischer Chor aus dem 15. Jh., ab dem 17. Jh. wiederholt vergrößert) und der Dorflinde ein ideale Ausgangspunkt. Am Wegweiser wählen wir den **Wiesweg** in Richtung Ludescherberg. Dazu geht man ein paar Minuten auf einer Gemeindestraße bis zu den letzten Häusern am

Blick von Raggal auf die Hanglagen von St. Gerold

westlichen Ortsrand. Unterwegs kommt man an einem alten Walserhof vorbei, bei dem das Wohnhaus als Doppelhaus gebaut ist. Das ist zwar ungewohnt, in Raggal aber kein Einzelfall. Beim Lärchenhof wechseln wir auf einen Wiesenpfad, der sich mit geringen Höhenunterschieden durch eine noch intakte naturnahe Kulturlandschaft zieht. Diese Hanglagen sind ein Musterbeispiel für eine bergbäuerliche Landschaftspflege, bei der es im Wechsel von Wiesen, Hangmooren, gemischten lockeren Baumbeständen und Bachläufen ein vielfältiges Mosaik von artenreichen Biotopen wie in einem Naturpark gibt. Der Weg überrascht zugleich mit seinen Ausblicken auf die Grasberge des Walserkamms und die Hangsiedlungen der Sonnenseite. Westwärts reicht der Blick bis zu den Schweizer Rheintalbergen. Auf der Flur **Reschina** mündet der Wiesweg in die wenig befahrene Bergstraße zum Ludescherberg. Auf der Straße erreicht man schon in einer knappen Viertelstunde die Abzweigung des Labomweges, auf dem wir den Rundweg fortsetzen. Vor der Rückkehr lohnt es sich aber, noch ein paar Schritte zum **Aussichtspunkt Grüneck** zu gehen. Dort sieht man bereits die nahen Höfe des Ludescherbergs. Was aber am meisten beeindruckt, ist das Rätikonpanorama, bei dem sich auch die Schesaplana von der schönsten Seite zeigt. Beim Blickwechsel auf dem **Labomweg** richtet sich das Auge auf das innere Große Walsertal. Wie beim Wiesweg fasziniert auch bei den Hanglagen von Labom die gepflegte Natürlichkeit des Landschaftscharakters. Es ist ein Bild wie aus einer anderen Zeit. Ob es gelingen wird, solche landschaftlichen Kostbarkeiten auch der Nachwelt zu erhalten?

Vom Berghof **Rapiert** gehen wir ein kurzes Stück der Zufahrtsstraße entlang, biegen aber schon beim Hof **Chris** auf einen Wiesenpfad ab, auf dem wir zum Ausgangspunkt bei der Pfarrkirche kommen.

Das Große Walsertal auf der Landschaftstafel der Herrschaft Blumenegg (16./17. Jh.) mit Thüringen (48), Schloss Blumenegg (50), Propstei St. Gerold (52), Sonntag (54), Raggal (67), Ludesch (69)

„Nostra Valentschina" und „önscha Tal"

Die rätoromanischen Bauern des Walgaus hatten nie etwas von einem Walsertal gehört, weder von einem großen, noch von einem kleinen. Das raue Bergtal der Lutz, das zwischen Hohem Fraßen und Hochgerach in das Tal der Ill mündet, nannten sie „Valentschina" oder „Valentschin". Dorthin trieben sie Sommer für Sommer ihr Vieh auf die Alpen. Daher die vielen rätoromanischen Alpnamen im ganzen Tal, auch noch hinter Buchboden auf Klesenza, Iskarnei und Schadona. Das aber war noch nicht die Art von Kultivierung, wie es sich die Montforter Grafen für die Zukunft vorgestellt hatten. Denen kam es ganz gelegen, dass seit dem Ende des 13. Jahrhunderts deutschsprachige Auswanderer aus dem Wallis auf der Suche nach einer neuen Heimat waren. Ob es den ansässigen leibeigenen Bauern passte oder nicht, die Zuwanderer bekamen Siedlungsplätze außerhalb der bestehenden Dörfer zugewiesen. Indem diese es auf sich nahmen, in den „Höhinen und Wildinen" zu hausen und zu wirtschaften und notfalls Kriegsdienst zu leisten, durften sie die in ihrer früheren Heimat gewohnten persönlichen Freiheiten beibehalten.
Den *„fryen Wallisern"* war es freilich nicht leicht gemacht, sich an den steilen Talflanken gegen vielerlei natürliche Bedrohungen zu behaupten. Hätten sie wie die Romanen darauf Wert gelegt, in kompakten Dörfern zu wohnen, wäre für sie das Siedeln aber noch schwieriger gewesen. Insofern war es ein Vorteil, dass es zum eigenwilligen walserischen Individualismus passte, wenn man wenigstens für den eigenen Hof ein einigermaßen passables „Plätzli" fand, auch wenn man vom nächsten Hof manchmal fast außer Rufweite war. Sonst war man schon zufrieden, wenn man in jedem Siedlungsgebiet als gemeinsame Mitte wenigstens eine Kirche und ein Wirtshaus hatte. An manchen Orten musste man aber lange warten, bis man den Status einer eigenen Pfarrei zugestanden bekam. In Sonntag geschah das 1457, wo immerhin schon 1393 eine *„Kirch zum Sunnentag"* erwähnt ist. Blons und Fontanella bekamen erst im 17. Jahrhundert, Thüringerberg gar erst 1835 die pfarrliche Selbständigkeit.

Ein Ort der besonderen Art ist St. Gerold, benannt nach dem im 10. Jahrhundert hier lebenden adeligen Einsiedler Gerold. Nachdem dieser seinen Besitz dem Kloster Einsiedeln vermacht hatte, erbaute dieses über seinem Grab eine Kapelle und ein kleines Benediktinerkloster. Daraus entstand im 17. Jahrhundert eine vergrößerte Propstei, die als freie Reichspropstei bis zur Säkularisierung im Jahr 1803 mit eigener Gerichtsbarkeit ausgestattet und von der umliegenden Herrschaft Blumenegg unabhängig war. Die wirtschaftlichen Lebensbedingungen waren hier aber nicht viel anders als im übrigen Talgebiet.

Wo kein Ackerbau mehr möglich war, war man auf Viehzucht mit genügend Weideland und Bergmähdern angewiesen. Das aber verlangte für eine zunehmende Bevölkerung die Ausweitung der Rodungen. Der steigende Bedarf an Grünland schien es zu rechtfertigen, die Axt auch an den Schutzwald zu legen. Bei allen Eingriffen in die Natur verhielten sich die Walser im Grunde nicht anders als moderne Menschen, die bei jedem im Einzelfall harmlos anmutenden Umweltschaden die Folgen zu ignorieren pflegen. Doch die Konsequenzen blieben nicht aus. Man bekam das Verhängnisvolle des Ignorierens mit immer mehr und zunehmend zerstörerischer werdenden Lawinenabgängen zu spüren. Am schlimmsten war es im Jänner 1954, als die Lawinenschäden mit 80 Todesopfern zur erschreckenden Katastrophe wurden. Allein in Blons waren 57 Menschenleben und viele zerstörte Häuser und Ställe zu beklagen.

Dass dem Wohnen und Wirtschaften im Tal Grenzen gesetzt sind, hat sich freilich schon vorher gezeigt. Viele Junge haben die Konsequenzen gezogen nach dem Motto: *„Lob dr Berg und züch is Tal."* Inzwischen hat sich vieles geändert. Wenn man von Raggal auf die gegenüberliegende Talseite blickt, lässt sich nicht übersehen, wie sich die großflächigen Aufforstungen seit den 1950er Jahren zu einem ausgezeichneten Lawinenschutz entwickelt haben. Auch dank der Erschließung mit Straßen, zeitgemäßem Bauen und verbesserten Erwerbsmöglichkeiten ist das Wohnen im Tal wieder attraktiver geworden. Indem die natürlichen Entwicklungsgrenzen respektiert werden, ist das Große Walsertal aber auch heute noch kein Lebensraum für überzogene Ansprüche. Und doch hört es sich durchwegs zuversichtlich an, wenn die heutigen Walser über *„önscha Tal"* (unser Tal) reden.

Heinzen am Stall eines Walserhofes

Sonnenberge

Von Nüziders zum Ludescherberg

Wegverlauf: Nüziders, Ortsmitte (561 m) – Burgruine Sonnenberg (605 m) – Laz (885 m) – Ludescherberg (1082 m) – Ludesch (555 m)
Öffentliche Verkehrsmittel: Busverbindungen 73 und 76 zu den Haltestellen Ludesch-Gemeindeamt und Nüziders-Postamt. Bei Anreise mit dem eigenen Auto empfiehlt es sich, dieses in Ludesch auf dem Parkplatz der Blumenegghalle abzustellen und mit dem Landbus nach Nüziders zu fahren.
Höhenunterschied: insgesamt 545 m
Gehzeit: 3½ Stunden (Nüziders – Ludescherberg 2 Stunden)
Einkehrmöglichkeiten: Nüziders, Ludescherberg (Jausenstation), Ludesch

Nüziders und Sonnenberg
In Nüziders gab es bereits im 9. Jahrhundert einen königlichen Hof und eine der ältesten Pfarrkirchen des Walgaus. Vor der Gründung der Stadt Bludenz war es ein Hauptort zwischen dem Rheintal und dem Oberinntal. Für die Grafen von Montfort-Werdenberg Grund genug, hier im 13. Jahrhundert die Veste Nüziders zu erbauen. Die Burg wurde 1404 in einem Konflikt zwischen den Werdenbergern und ihren habsburgisch gewordenen Tiroler und Feldkircher Nachbarn zerstört. Bischof Hartmann von Werdenberg-Sargans ließ sie aber bald danach mit dem Namen Sonnenberg wieder aufbauen. 1455 kam sie in den Besitz der Truchsesse von Waldburg, die sich ab 1463 Reichsgrafen nennen durften. Die den größten Teil des Walgaus und das Klostertal umfassende Herrschaft Sonnenberg wurde 1473 vom habsburgischen Erzherzog Siegmund erobert und danach mit der schon vorher österreichisch gewordenen Herrschaft Bludenz vereinigt. Damals ging auch die Burg Sonnenberg in Flammen auf und wurde von da an dem Verfall preisgegeben.

Bei unserer Wanderung wählen wir von Nüziders aus bewusst nicht den kürzesten Weg zum Ludescherberg, ab der Ortsmitte halten wir uns bei den Wegweisern vorerst aber doch an diese Zielangabe. So kommen wir schon in wenigen Minuten zum Ortsrand und auf eine Fahrstraße, die an den auf einem Felssporn erhaltenen Mauerresten der **Burg Sonnenberg** vorbeiführt. Beim nächsten Wegweiser zweigen wir im Wald nach rechts in Richtung

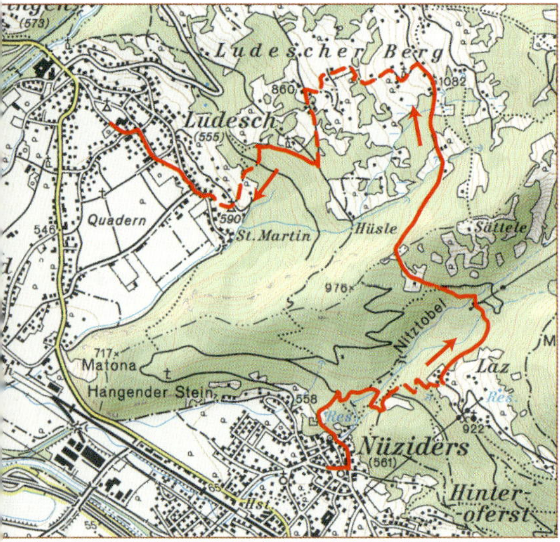

Laz ab. Nach der Querung des Nitztobels gelangen wir auf dem Forstweg zur Waldwiese von **Lutafaz**. Hier wechseln wir auf einen Fußweg, den man noch heute den „Messweg" nennt, weil er für die Lazer jahrhundertelang der gewohnte Kirchweg nach Nüziders war. In **Laz** betreten wir eine aussichtsreiche Wiesenterrasse, die noch sonniger gelegen ist als Burg Sonnenberg im Tal. Von da wandern wir auf einem fast ebenen Fahrweg in einem schönen Mischwald weiter bis zur Materialseilbahn der Fraßenhütte. Danach geht es auf einem historischen Saumweg weiter bergwärts. Dieser **„alte Walserweg"** war für die Bewohner von Raggal und des inneren Großen Walsertals noch zu Beginn des 20. Jahrhunderts die gebräuchlichste Wegverbindung nach Nüziders und Bludenz. Unse-

Heugut am alten Walserweg zwischen Gampladienst und Ludescherberg

Maria-Hilf-Kapelle am Ludescherberg

re Route führt zum Bergmahd mit dem etwas seltsamen Namen **Gampladienst** (urkundlich 1505 „*Gamplarientsch*") mit einem beeindruckenden Ausblick ins Brandnertal und ins Montafon. Vom Felssporn **Steinle** führt der alte Walserweg mit geringen Höhenunterschieden durch steilen Bergwald zum **Ludescherberg**. Nachdem die Route beim aufgelassenen Schulhäuschen den höchsten Punkt erreicht hat, geht es mit weiten Ausblicken über den Walgau in Richtung Ludesch talwärts. Dabei kommen wir an einem der behäbigsten Walserhöfe am Berg vorbei. Der oft in der Falllinie bergab führende Pfad ist typisch für den Verlauf alter Bergwege. Die Route führt bis Ludesch durch ein Mosaik von ar-

Walserhof als Doppelhaus am Ludescherberg

tenreichen Wald- und Wiesenbiotopen, die im Frühling und Frühsommer mit einer prachtvollen Flora das Auge erfreuen. Bei den Häusern der „Frohen Aussicht" gehen wir einige Minuten der Zufahrtsstraße entlang, biegen im Dorfwald aber nach links auf einen Fußweg in Richtung St. Martin ab. Nun folgen wir dem Verlauf eines der ältesten Bergwege der Gegend. Bei einer Wegteilung halten wir auf dem früheren Kirchweg der Bergbauernfamilien weiter auf St. Martin zu. Kaum treten wir aus dem Wald, sehen wir auf einer Wiesenterrasse auch schon die sehenswerte **Kirche St. Martin** vor uns. Am Wiesenhang darunter führt der alte Kirchweg zur Dorfstraße, von wo es zuletzt nur mehr ein kurzer Spaziergang zur Ortsmitte von **Ludesch** ist.

Ludesch, St. Martin und der Ludescherberg
Siedlungsgeschichtlich gehört Ludesch zu den Gunstlagen der Walgau-Sonnenseite. Hier befand sich schon im frühen Mittelalter eine dörfliche Ansiedlung mit einer eigenen Pfarrkirche. Im ausgehenden Mittelalter wurde der spätgotische Bau der St.-Martins-Kirche auf den Mauerresten eines älteren Vorgängerbaus errichtet. Im 16. und 17. Jahrhundert erfolgten Um- und Zubauten. Aus dieser Zeit stammt auch die Innenausstattung mit beachtenswerten Flügelaltären, Wand- und Deckenfresken. Nach der Ansiedlung von Walsern in den Berglagen wurde St. Martin auch noch für die in Raggal und Marul wohnenden Bergbauernfamilien zur Pfarrkirche. Raggal wurde erst 1586 eine selbständige Pfarrei. Für Ludesch und den Ludescherberg blieb St. Martin bis zur Fertigstellung der 1635–1639 erbauten St.-Sebastians-Kirche der pfarrliche Mittelpunkt.

Der Ludescherberg wurde von den Bauern im Tal schon früh als Alpe genutzt. Diese waren aber ganz und gar nicht erfreut, als hier der gräfliche Grundherr ein paar Bauernfamilien aus dem Wallis sesshaft werden ließ. Dadurch wurde der Landschaftscharakter immerhin auch mit Zutaten walserischer Eigenart bereichert. Mit der 1840 erbauten Maria-Hilf-Kapelle und dem 1847 entstandenen „Schualhüsle" erweckte die Häusergruppe schon fast den Eindruck eines Bergdörfchens. Den Ludeschern war es allerdings immer ein Anliegen, dass sich auf ihrem Sonnenberg die Dauerbesiedlung in engen Grenzen hielt. So hat auch diese Zurückhaltung dazu beigetragen, dass der Ludescherberg wertvolle Qualitäten einer naturnahen Kulturlandschaft bewahrt hat.

Geheimnisse der Namen

Im gewohnten Sprachgebrauch hören sich die Ortsnamen Nüziders, Ludesch und Ludescherberg so vertraut deutsch an, als seien von ihrer Deutung weder Rätsel noch Überraschungen zu erwarten. Die aus dem 9. Jahrhundert überlieferten Namen *„Nezudre", „Nezudres"* und *„Zutres"* für Nüziders und *„Lodasco"* für Ludesch haben hingegen etwas ungewohnt Fremdes an sich. Erst recht könnten so manche Flurnamen am Weg wie *Lutafaz* und *Gampladienst* stutzig machen. Oft fallen romanische Färbungen auf, wie man sie im Vorarlberger Oberland und besonders im Walgau an allen Ecken und Enden findet. Bei Laz (mundartlich *Lôôz*) scheint es ganz klar zu sein, dabei an das lateinische *latus* („breit", *latia* – „Breite") und an die dort auffällig breite Hangterrasse zu denken. Doch schon da könnten sich Ortsnamenforscher in die Haare geraten, wenn auch die Möglichkeit einer keltisch-rätischen Herkunft (etwa von *laut* – „kleine Siedlung" oder „bei den Hütten") bedacht wird. Wenn man die Besiedelung der Gegend in vorrömischen Zeiten mitbedenkt, beginnt das Fragen nach den ursprünglichen Namen immer mehr zu verunsichern. Meistens wird daraus letztlich ein Wissen um das Nichtwissen. Das kann freilich auch so etwas wie eine ehrfürchtige Freude am Geheimnisvollen vermitteln, die ohne ein voreiliges Alles-erklären-Wollen auskommt.

Kirche St. Martin in Ludesch

Bludenzer Zeitenwechsel

Erinnerungen auf und unter dem Montikel

Wegverlauf: Bludenz, Bahnhof oder Stadtmitte (580 m, gebührenpflichtige Parkierungsmöglichkeiten im Nahbereich) – Montikel (760 m) – Stadtmitte
Öffentliche Verkehrsmittel: Bahn- und Busverbindung zum Bahnhof Bludenz
Höhenunterschied: 180 m
Gehzeit: 1¾ Stunden
Einkehrmöglichkeiten: Bludenz

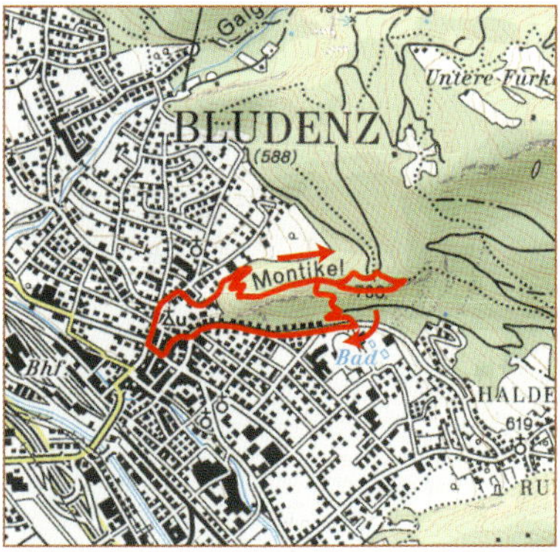

Wenn man in Bludenz von der zentral gelegenen Postkreuzung bergwärts geht, führt der Weg schon nach ein paar Schritten am **Feldkircher Tor**, dem oberen Stadttor, vorbei. Hier empfiehlt es sich, von der markierten Route etwas abzuweichen und zur Anhöhe hinaufzugehen, auf der sich die **St.-Laurentius-Kirche** und das **Schloss Gayenhofen** über den Dächern der Altstadt erheben. Auf der bergseitig anschließenden Hangterrasse kommen wir nach links abbiegend wieder zur Wanderroute. Die dortige Verebnung war einmal ein **kleiner Exerzierplatz** der früheren Bludenzer Garnison und ist als Fundort von bronzezeitlichen Siedlungsspuren und Urnengräbern bekannt geworden.

Vom Waldrand hinter dem Altersheim führt im felsigen Gelände ein Fußweg weiter aufwärts, wo auch immer wieder Aussichtspunkte mit Ruhebänken zu finden sind. Beim **Montikel-Ausblick** folgen wir in einer kleinen Mulde ein kurzes Stück dem Wegweiser zum Waldlehrpfad Richtung Nüziders, doch schon nach ein paar Schritten biegen wir in **Hinterebene** wieder nach links zur Anhöhe des Montikel ab. Auf dem Bergkamm erreichen wir den Weg, den wir bergauf gegangen sind. Nun aber wählen wir den auf dem dortigen Wegweiser angeschriebenen Weg in Richtung Schwimmbad. Er führt im Bergwald (Laubwaldbiotop) in Serpentinen und zuletzt auf einem Forststräßchen zur Talebene. Am Bergfuß gelangt man auf der **Untersteinstraße** (ebenfalls durch Funde aus der Bronze-

Aussichtspunkt auf dem Montikel

und Eisenzeit bekannt) direkt zur **Altstadt.** Hier hat es einen eigenen Reiz, die Rundwanderung mit einem kleinen Bummel durch die Gassen des „Städtle" und mit der Einkehr in einer gemütlichen Wirtsstube zu beschließen.

Urzeit am Montikel

Der Montikel mit seinen steil abfallenden Muschelkalkfelsen ob Bludenz ist zwar nur ein „kleiner Berg" (lateinisch *monticulus*), aber er ist eine kulturgeschichtliche Besonderheit des Walgaus. Hier haben schon vor einigen tausend Jahren Menschen ins Tal geschaut, als von einer Stadt Bludenz noch lange Zeit weit und breit nichts zu sehen war. So ein Felssporn war genau das, was die urzeitlichen Vorfahren als sicheren Wohnort schätzten. Einer der ältesten Siedlungsplätze mit Äckern und Viehweiden lag in der flachen Hangmulde oberhalb der alten Pfarrkirche. Das ist jenes als „kleiner Exerzierplatz" bezeichnete Gelände, in dem Keramiken und urnenfelderzeitliche Grabbeigaben aus dem 13./12. Jahrhundert vor Christus unter Murschutt des Galgentobelbaches ausgegraben wurden. Die an diesem

Steilabfall des in vorgeschichtlicher Zeit bewohnten Montikel

Platz gefundenen Knochenreste von Haustieren erinnern daran, dass die dort schon vor mehr als 3000 Jahren lebenden Bauernfamilien Rinder, Schafe, Ziegen und Schweine gehalten hatten.

Auch im darüberliegenden Bergwald sind an mehreren Stellen Relikte aus der Bronze- und Eisenzeit entdeckt worden. Bei manchen kleinen Verebnungen werden einstige Hüttenplätze vermutet. Am Fuße der östlich der Hangmulde abfallenden Felswände sind im Bereich Unterstein etliche Waffen und Geräte aus Bronze und Eisen gefunden worden. Die im Vorarlberger Landesmuseum ausgestellten Funde lassen vermuten, dass in der Nähe schon vor der Römerzeit Waffen und Eisenwaren geschmiedet worden waren. Das erinnert auch an die Berichte über Eisenbergbau, der in der Umgebung von Bludenz noch im frühen Mittelalter betrieben wurde.

's Städtle

Nach der Erbteilung der Montforter Grafen entstand 1258 der neue Zweig der Grafen von Werdenberg mit dem Sitz auf Burg Werdenberg bei Buchs im Schweizer Rheintal. Weil die Werdenberger aber nicht wie die Feldkircher Linie über ein vitales städtisches Zentrum verfügten, gründeten sie um 1265 die Städte Bludenz und Sargans. Die neue Stadt am Fünf-Täler-Stern Walgau, Großes Walsertal, Klostertal, Montafon und Brandnertal hatte von

Ansicht von Bludenz nach Mathäus Merian, 1643

Anfang an den Vorteil einer ausgezeichneten Verkehrslage. Die kleine Herrschaft lag aber eingezwängt im größeren Gebiet der Herrschaft Sonnenberg mit dem Hauptort Nüziders. Das frühere Aussehen einer mit Stadtmauern, Türmen und Toren bewehrten Stadt darf auch nicht vergessen lassen, dass Bludenz sozial und wirtschaftlich bis zur Mitte des 19. Jahrhunderts einen ausgesprochen ländlichen Charakter besaß. Als 1824 die Arlbergstraße Bludenz – Landeck eröffnet wurde, zählte die Stadtgemeinde (samt Bings und Außerbraz) nur 1780 Bewohner. Und diese lebten vorwiegend von kleinbäuerlicher Landwirtschaft. Da hatte auch noch fast jeder Handwerker eine Kuh oder ein paar Ziegen im Stall. Diese altgewohnte Struktur begann sich erst nach dem Bau der Arlbergbahn (1880–1884) zu ändern. Als Bludenz „Eisenbahnerstadt" und Industrieort (seit 1888 auch mit dem Duft von Suchard-Schokolade) wurde, gehörte auch der Zuzug von Arbeitern – anfangs besonders aus Welschtirol – zum Entwicklungssprung dazu. Zugleich konnte man sich rühmen, Mittelpunkt eines politischen Bezirks zu sein, der halb Vorarlberg umfasst. Und doch ist Bludenz auch mit einer inzwischen auf 15.000 Einwohner angewachsenen Bevölkerung der kleinste Bezirkshauptort im Lande geblieben. Damit hat die Alpenstadt immerhin ein kleinstädtisches Ambiente bewahrt.

Was in der Altstadt heute so reizvoll mittelalterlich anmutet, stammt aber nur zu einem sehr kleinen Teil aus dem Mittelalter. Die Stadt der Werdenberger fiel nämlich mehreren Stadtbränden – 1444, 1491, 1638, 1682 – zum Opfer. Bei der Feuersbrunst von 1491 wurden auch die alte Pfarrkirche und die Burg ob der Stadt zerstört. Bei der zum Wahrzeichen von Bludenz gewordenen St.-Laurentius-Kirche stammt der größte Teil des Baus aus dem 17. und 18. Jahrhundert. Das am Platz der alten Burg errichtete Barockschloss Gayenhofen der Freiherren von Sternbach – heute Bezirkshauptmannschaft – wurde 1745–1752 erbaut. Auch wenn so

manche andere Sehenswürdigkeiten der Stadt mit ihren Gässchen und dem Nepomukbrunnen vor dem alten Rathaus erst im 17. Jahrhundert entstanden sind, haben sie wenigstens ein Flair mit ansprechenden Reizen einer anderen Zeit bewahrt.

Manche mögen es beklagen, dass sich inzwischen die Schwerpunkte von Industrie und Handel in die Umgebung verlagert haben. Andere schätzen es dafür umso mehr, dass der autofreie Kern des Städtle inmitten einer lärm- und verkehrsgeplagten Alltagswelt zu einem Zufluchtsort für die Genießer des kleinstädtischen Zeithabens geworden ist.

Aufgang zur alten Pfarrkirche St. Laurentius

Am obersten Tannberg

Walserkultur am Weg über Bürstegg

Wegverlauf: Lech, Bushaltestelle Wanghus (1470 m) – Wanghus (1620 m) – Bürstegg (1719 m) – Auenfeldsattel (1710 m) – Oberlech, Schlössle (1720 m)
Öffentliche Verkehrsmittel: Busverbindungen zur Haltestelle Lech-Postamt (Tiefgarage unter der Pfarrkirche). Von dort mit dem Landbus 42 Richtung Warth zur Haltestelle Wanghus
Höhenunterschied: aufwärts insgesamt 390 m, abwärts ca. 60 m
Gehzeit: 2¾ Stunden
Einkehrmöglichkeiten: Oberlech, Bürstegg (während der Alpzeit)

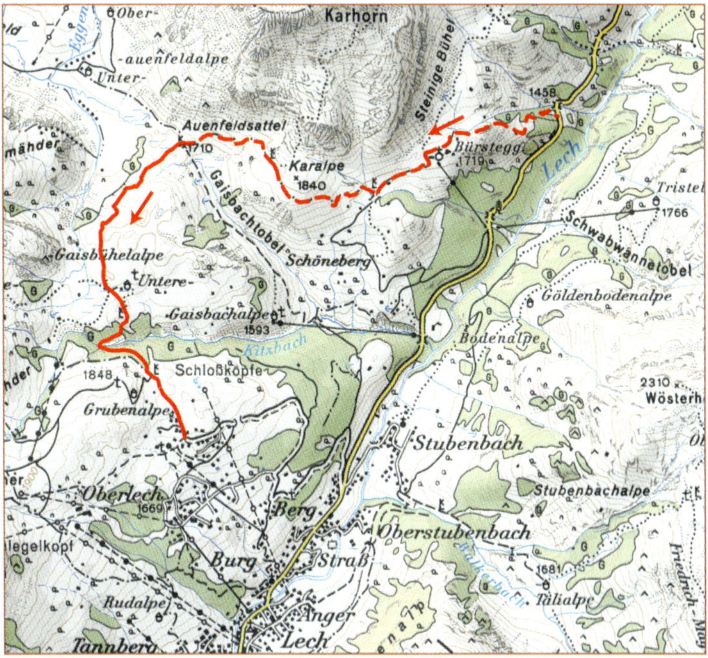

Von der Bushaltestelle Wanghus zwischen Lech und Warth führt ein alter Bergweg in Serpentinen, aber etwas steil in einer knappen halben Stunde aufwärts zum **Wanghus**. Unter *Wang* verstanden die alten Walser eine sonnseitige Hangterrasse. Das als kleiner Bergbauernhof schon 1495 errichtete Wanghus gilt als das älteste Walserhaus in Lech. Das Haus ist seit 1838 nicht mehr ganzjährig bewohnt. Als es zu verfallen drohte, wurde es von der Gemeinde Lech erworben und als historisches Baudenkmal renoviert. Die früheren Berg-

Flurküche im wiederhergestellten Wanghus. Der 1495 entstandene Bau ist das älteste Haus von Lech.

bauern waren es gewohnt, dass die Zugänge zu ihren Berggütern ziemlich steil waren. Das gilt auch für den historischen Weg, der vom Wanghus nach Bürstegg hinaufführt.

Die bis zum Ende des 19. Jahrhunderts ständig bewohnte Bergbauernsiedlung **Bürstegg** dient heute als Alpe. Der Name ist ein Hinweis auf den im feuchten Gelände wachsenden „Burst" (Borstgras). Dort wurde zeitweilig auch Torf gestochen, den man als Ersatz für Brennholz zum Heizen verwendete. An das Torftrocknen erinnert bei einem alten Stall heute noch ein unter dem Dachgiebel erhaltenes Holzgerüst. Bei dem, was hier von der alten Walserheimat noch zu sehen ist, verdient besonders das 1695 erbaute Kirchlein Beachtung, bei dem auch die in bäuerlichem Barock gestaltete Einrichtung sehenswert ist.

Von Bürstegg wandern wir auf einem Fahrweg ein kurzes Stück abwärts bis zu einem Wegweiser, der uns nach rechts auf einen bequem begehbaren Fußweg abschwenken lässt. Nun geht es über Alpwiesen knapp eine halbe Stunde aufwärts zum **Karbühel** (1800 m). Bald darauf kommt man zum tiefer gelegenen **Auenfeldsattel**, bei dem wir die kontinentale Wasserscheide von Nordsee (Bregenzerach – Rhein) und Schwarzem Meer (Lech – Donau) erreichen. Der Auenfeldsattel wurde Jahrhunderte hindurch als Saumwegverbindung zwischen Schröcken und Lech genutzt. Heute ist es ein neu angelegter Höhenweg, auf dem wir nochmals ein Stück aufwärts gehen und danach in kurzweiligem Auf und Ab über die aussichtsreiche **Untere Gaisbühelalpe** nach **Oberlech** gelangen. Für die Rückkehr ins Tal verkehrt ab der Bushaltestelle Schlössle der Ortsbus. Gerne wird für die Talfahrt auch die Seilbahn Oberlech benützt.

Die Walser am Tannberg

Als um 1300 herum Emigranten aus dem Wallis auch in Vorarlberg auf der Suche nach einer neuen Heimat waren, kam das den gräflichen Grundherrn aus verschiedenen Gründen nicht ungelegen. Die an raues Bergland gewohnten Zuwanderer brachten nämlich auch die Erfahrung mit, wie man als Viehzüchter selbst entlegene Berggebiete bewohnbar machen konnte. Vorher hatte man sich im Lande damit begnügt, die weltabgeschiedenen Hochregionen als Jagd- und Alpgebiete zu nutzen. Einer der ersten Ansatzpunkte der ständigen walserischen Besiedlung im oberen Lechtal hieß Tannberg (1351 „Taeninberg“, 1422 „Tännberg“). Dieser Name einer Parzelle am heutigen östlichen Ortsrand von Lech wurde für das Gebiet des gesamten Walsergerichtes gebräuchlich, zu dem neben Lech, Warth, Hochkrumbach und Schröcken bis 1563 auch das Kleinwalsertal gehörte. Die so abgelegen wohnenden Walser mussten zwar schwierige Lebensbedingungen mit langen Wintern in Kauf nehmen, dafür genossen sie ein hohes Maß an persönlichen Freiheiten mit weitgehender Selbstverwaltung. Die politische Vorzugsstellung ging allerdings schon 1453 verloren, als der Tannberg vom Habsburgerherzog Siegmund mit Waffengewalt seiner Herrschaft unterworfen wurde. Immerhin blieb der Sitz des Walsergerichtes bis 1806 in Lech.

Die kargen bergbäuerlichen Lebensbedingungen waren auch bei entbehrungsgewohnter Zähigkeit nur für eine sehr begrenzte Bevölkerungszahl ausreichend. Wer sich nicht mehr vom eigenen Grund und Boden ernähren konnte, musste abwandern. Als ab der Mitte des 19. Jahrhunderts eine immer stärkere Abwanderung festzustellen war, sah es so aus, als sei auf keine gute Zukunft mehr zu hoffen. Das änderte sich allerdings schon bald nach der Eröffnung der Flexenstraße (1897), als die vorher so oft beklagten langen Winter als die beste Entwicklungschance für den neu aufkommenden Wintersport entdeckt wurden.

Höhenmut und Höhenflucht

Heute mutet es verwegen an, dass die höchstgelegenen Bergbauernhöfe von Lech in der Umgebung des Auenfeldsattels und in

Mit dem 1695 erbauten Kirchlein hatten die Walser auf Bürstegg ab 1730 eine eigene Seelsorge.

Das bis ins 19. Jahrhundert ständig bewohnte Bergdörfchen Bürstegg dient heute als Alpe.

Bürstegg in Höhenlagen zwischen 1700 und 1800 m entstanden sind. Das war freilich nur möglich, weil damals auch noch geschlossener Wald bis in diese Höhen gereicht hatte. Da die langen und steilen Kirchwege ins Dorf Lech besonders im Winter kaum zumutbar waren, unterhielt Bürstegg mit seiner Kapelle ab 1730 eine Seelsorge für 12 Familien. Der Ort besaß auch eine eigene Schule. Noch 1840 umfasste Bürstegg 15 Häuser mit 71 Bewohnern. Um diese Zeit wurde allerdings schon mit Sorge darüber nachgedacht, ob das Leben in dieser Extremlage für die Kinder noch ratsam sei.

Man merkte, dass die Existenzbedingungen vor allem durch den Holzmangel zusehends schwieriger wurden. Die ersten Generationen hatten noch die Erfahrung gemacht, dass das Holz, das man als Bau- und Brennholz geschlagen hatte, von selbst irgendwo wieder nachwuchs. Doch wenn später der Bergwald mit jedem umgesägten Baum kleiner wurde, dachte man zwar an den momentanen Bedarf an Nutzholz und an den Gewinn von Weideflächen, aber erst zu spät wurde die Zerstörung der bergbäuerlichen Zukunftschancen erkannt. Bald wusste man nicht mehr, woher man in den schneereichen Wintern das Brennholz zum Heizen hernehmen sollte. Das war in den benachbarten Höhensiedlungen von Schröcken und Hochkrumbach nicht anders. Als der Geistliche von Hochkrumbach in einem strengen Winter dem Erfrieren nahe war, verheizte er in der Not sogar die Kirchenbänke. Bei so unhaltbar gewordenen Zuständen war es nicht verwunderlich, dass bald eine Walserfamilie nach der anderen ihren Berghof verließ und in tiefere Lagen zog. 1885 wurde die von allen Bewohnern verlassene Gemeinde Hochkrumbach aufgegeben und ihr Gebiet mit Warth vereinigt. Ebenso wurden die höchstgelegenen Höfe von Schröcken und oberhalb von Oberlech aufgelassen und in Alpen umgewandelt. Seit 1898 ist auch Bürstegg nicht mehr ständig bewohnt.

Unbekanntes Klostertal

Zwischen Klösterle und Dalaas

Wegverlauf: Klösterle, Ortsmitte (1073 m) – Alte Bahn – Innerwald (1007 m) – Außerwald (963 m) – Dalaas, Ortsmitte (836 m)
Öffentliche Verkehrsmittel: Busverbindung 90 zu den Haltestellen Klösterle-Postamt und Dalaas-Kristbergsaal. Bei Anreise mit dem eigenen Fahrzeug empfiehlt es sich, dieses auf dem Parkplatz nahe der Bushaltestelle in Dalaas abzustellen und mit dem Landbus nach Klösterle zu fahren.
Höhenunterschied: insgesamt ca. 25 m aufwärts, 260 m abwärts
Gehzeit: 2½ Stunden
Einkehrmöglichkeiten: Klösterle, Innerwald, Dalaas

Viele meinen das Klostertal zu kennen, weil sie es schon oft im Auto oder im Schnellzug durchfahren haben. Doch das ist nicht das gleiche Klostertal, wie es Fußwanderer abseits von Bahn und Straße kennen lernen. Besonders auf den vielen Bergwegen lässt sich ein Tal voller Überraschungen entdecken. Für den Anfang mag bereits ein Gang auf dem das ganze Tal durchziehenden „Arlbergweg“ genügen, um das Klostertal aus einer ungewohnten Perspektive zu erleben. In Kombination mit Busfahrten lassen sich verschiedene Teilstrecken auswählen, wie etwa vom Arlberg nach Klösterle, von Dalaas nach Braz, von Braz nach Bludenz oder – wie beim folgenden Vorschlag – von Klösterle nach Dalaas.

Unsere Wanderung nimmt ihren Ausgang im Ortskern von **Klösterle**, wo 1218 das erste Hospiz am Arlbergweg gegründet worden war. Gleich hinter der sehenswerten Pfarrkirche (1974–1976 nach Plänen von Clemens Holzmeister unter Einbeziehung von Teilen der alten Kirche erbaut) biegt die Route auf einen Fußweg ab, der auf einem kurzen Stück an den mittelalterlichen Saumweg erinnert. Danach führen ein paar Serpentinen zur Höhe der Arlbergbahn, wo auf dem alten **Bahndamm ob Danöfen** ein bequemer Spazierweg angelegt ist. Hier fuhren einst die Züge, be-

In Danöfen führt der Wanderweg auf dem alten Bahndamm durch den Aquädukt einer 1914 aufgelassenen Bahnstrecke.

St.-Martins-Kapelle am früheren Arlbergweg durch Außerwald

vor die Bahn nach schlimmen Erfahrungen mit Lawinen und Murgängen 1914 in den Wildentobeltunnel verlegt wurde. Vom **Spreubachtobel** begleiten wir auf einem schmaleren Waldweg die nach wie vor offene Bahntrasse bis zum Bahnhof **Wald am Arlberg**. In der Nähe des Bahnhofs kommt man auch an der Druckrohrleitung des 1920–1925 erbauten Spullerseekraftwerks vorbei, das den Strom für den Eisenbahnbetrieb liefert. Von Innerwald gelangen wir auf einer wenig befahrenen Straße zum Straßendörfchen **Außerwald**. Hier folgen wir dem über Jahrhunderte gewohnten Verlauf des Arlbergwegs. In Außerwald bietet unmittelbar am Weg das **Heimat- und Verkehrsmuseum Klostertal** eine willkommene Gelegenheit, um mit der Kulturgeschichte des Tales etwas näher vertraut zu werden. Am Ortsende führt der Weg an der **St.-Martins-Kapelle** vorbei. Sie war ein geschätzter Haltepunkt der Fuhrleute, wenn sie den Anstieg von Dalaas herauf und die Querung des berüchtigten Radonatobels hinter sich hatten. Wegen den früher besonders bei Wildbächen auf Fuhrleute und Reisende lauernden Gefahren ist es nicht verwunderlich, dass bei mehreren Tobeln kleine Kapellen entstanden. Nach Querung des bewaldeten Radona-Schwemmkegels gehen wir ein paar Schritte auf der alten Hauptstraße, bevor wir nach rechts auf einen Wiesen-

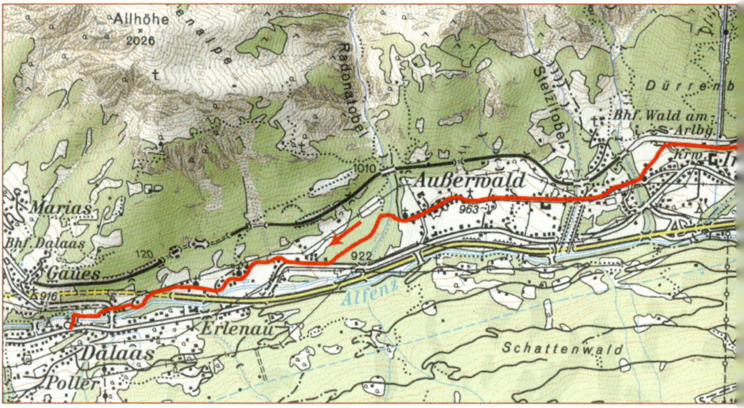

pfad abschwenken und uns auf einem Zufahrtsweg der Dalaaser Parzelle **Sonnenhalb** der heutigen Schnellstraße nähern. Die Begegnung mit dem jetzigen Straßenverkehr ist nur kurz, da dieser hier vom 1979 erbauten Dalaaser Tunnel aufgenommen wird. So gelangen wir auf einem beschaulichen Waldspaziergang abseits der Straßen nach **Dalaas**. Das Dorf war schon immer ein beliebter Rastort der Reisenden. Im Mittelalter wohnten hier auch die „Silberer", jene Bergleute, die den Ort zu einem Umschlagplatz für das am Kristberg gewonnene Erz machten. Im 19. Jahrhundert war Dalaas für den Arlbergverkehr die zentrale Post- und Pferdewechselstation des Tales.

Verkehrskultur am Arlbergweg

Auf Urpfaden wurde der Arlberg schon lange vor der Römerzeit begangen. Der eigentliche Aufschwung des Arlbergverkehrs setzte aber erst im 13. Jahrhundert ein, als der zunehmende Reiseverkehr und die Handelsinteressen der neu gegründeten Städte Feldkirch und Bludenz den Ausbau als Saumweg und die Errichtung eines Hospizes in Klösterle notwendig machten. Dieses Kloster des Johanniterordens wurde bald so bedeutsam, dass es dem ganzen Tal zwischen Bludenz und dem Pass den Namen gab. Im 14. Jahrhundert gewann der Arlberg zusätzliche Bedeutung als Transportweg für Salz aus Hall und durch das Interesse der Habsburger an einer guten Verbindung zwischen ihren neu erworbenen Besitzungen beiderseits des Passes. Nun wurden zusätzliche Unterkünfte für die Reisenden in Stuben und mit der Gründung des Hospizes St. Christoph auch auf der Passhöhe geschaffen. Bald aber bekam der Arlberg Konkurrenz durch die bessere Verbindung über den Fernpass und das allgäuische Alpenvorland zum Bodensee. So wichen viele Transporteure dem besonders im Winter gefürchteten Arlberg bis ins 18. Jahrhundert aus.

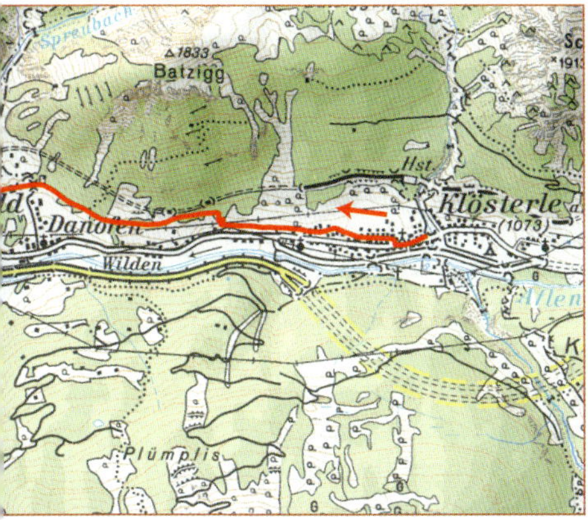

Einen neuen Aufschwung brachte erst der Bau einer durchgehenden Fahrstraße (1785–1824). Damit begann ein reger Fuhrwerks- und Reiseverkehr mit willkommenen Verdiensten für Wirte, Pferdebesitzer, Huf-

Die Begegnung mit Wanderern gehörte im Klostertal – wie hier in Dalaas nach einer Zeichnung von Püttner – seit jeher zum Alltag.

schmiede und Wegmacher. Die Postkutschenzeit dauerte allerdings nur wenige Jahrzehnte. 1884 hörte man zum letzten Mal das Horn des Postillions, dafür zum ersten Mal das Pfeifen und Fauchen der Dampflokomotiven der Arlbergbahn. Die neue Gebirgsbahn war ein Meisterwerk der Ingenieurkunst, doch es zeigte sich bald, dass die vielfältigen Naturgefahren im Klostertal unterschätzt worden waren. Immer wieder wurde der Bahnverkehr durch Lawinen, Felsstürze und Muren unterbrochen. Das zwang zu umfangreichen Hangverbauungen, manchmal auch zu Streckenverlegungen mit neuen Tunnelbauten (1892 Großtobeltunnel, 1914 Wildentobeltunnel, 2003 Blisadonatunnel Langen – Klösterle). Dank des 10 km langen Arlbergtunnels war die Bahn immerhin viel sicherer als die Straße und im Winter oft die einzige direkte Verbindung zwischen Vorarlberg und Tirol. Die Eisenbahn machte es auch möglich, dass der Arlberg schon früh als Schiparadies entdeckt werden konnte. Um die Straße im Winter befahrbar zu machen, wurde sie weiter ausgebaut und zusätzlich gesichert. Zur Bewältigung des wachsenden Verkehrs und für die nötige Wintersicherheit musste in den 1970er Jahren die durchgehende Neuanlage als Schnellstraße mit dem Bau eines 14 Kilometer langen Straßentunnels (1974–1978) angegangen werden. Mit der neuen Straße wurde zwar noch mehr Verkehr angezogen, durch die Neuanlage konnten aber auch die Ortsdurchfahrten spürbar entlastet werden. Wo alte Bahn- und Straßentrassen nicht mehr dem Durchgangsverkehr dienen, können sie heute als reizvolle Wanderwege begangen werden. Dabei zeigt sich auf Schritt und Tritt, wie vielfältig die Kulturlandschaft durch die Geschichte des Arlbergverkehrs geprägt ist.

Bergknappenwege

Von Dalaas nach Bartholomäberg

Wegverlauf: Dalaas (Ortsmitte, 836 m) – Kristbergsattel (1484 m) – Ganzaleita (1607 m) – Fritzensee (1440 m) – Bartholomäberg-Dorf (1087 m)
Öffentliche Verkehrsmittel: Busverbindungen zu den Haltestellen Dalaas-Kristbergsaal und Bartholomäberg-Kirche
Höhenunterschied: bergauf 840 m, bergab ca. 550 m
Gehzeit: 5 Stunden
Einkehrmöglichkeiten: Dalaas, Kristberg, Bartholomäberg

Wenn vom mittelalterlichen Bergbau am Kristberg die Rede ist, wird oft die damalige Bedeutung von **Dalaas** vergessen oder unterschätzt. Zwar weiß man nicht genau, wo das Erz verwertet wurde, doch offensichtlich hatte Dalaas dank seiner Lage am Arlbergweg und der Nähe zur Schmelzhütte in Bludenz günstige Voraussetzungen für den Erzumschlag.

Auf den Spuren der Erzsäumer und „Silberer" beginnt unsere Wanderung in der Ortsmitte von Dalaas. Von der Bushaltestelle beim Kristbergsaal geht man zunächst knapp 20 Minuten auf einer Gemeindestraße an den Häusern der Parzelle **Poller** vorbei zum Waldrand beim **Gurtatobel**. Von dort führt ein Fußweg in vielen Windungen durch den steilen Bergwald zum Kristbergsattel. Hier folgt die Route zumeist dem Verlauf des mittelalterlichen Saumwegs, der das Klostertal mit dem Montafon verband und auf dem auch ein Großteil des am Kristberg gewonnenen Erzes zur Verhüttung ins Tal befördert wurde.

Noch bevor wir die Passhöhe erreichen, sehen wir am Weg eine kleine Kapelle, die unter dem Namen **Bruderhüsli** (1405 m) bekannt ist und an die frühere Behausung eines frommen Waldbruders erinnert. Gleich daneben sind bei Ausgrabungen im Jahr 2004 Mauerreste von Gebäuden freigelegt worden, deren Funktion im Zusammenhang mit dem Bergbau in den nahe gelegenen Stollen und vielleicht auch mit der Unterbringung von Passwanderern zu sehen ist.

St.-Agatha-Kirche auf dem Kristberg

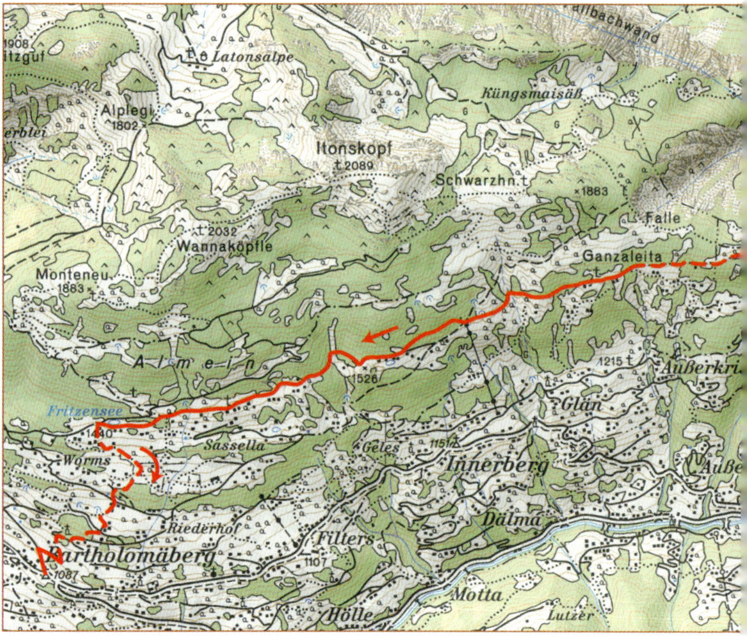

Auf dem **Kristbergsattel** – die romanische Bezeichnung *„crista"* bedeutet Bergkamm – öffnen sich bereits die ersten Ausblicke ins Silbertal und zum Rätikon. Hier lohnt es sich aber nicht nur der Aussicht wegen, ein kurzes Stück abwärts zur kleinen Häusergruppe von **Kristberg** zu gehen. Eine Sehenswürdigkeit ist dort auch das **St.-Agatha-Kirchlein**. Der gotische Bau von 1507 ist das wohl älteste erhaltene Gotteshaus im Montafon. Die Sage erzählt, die Kirche sei nach dem Einsturz eines Bergwerkstollens und der glücklichen Rettung der dort eingeschlossenen Knappen errichtet worden.

Die Wanderroute führt vom Kristbergsattel auf einem bequemen Forstweg zuerst fast eben, dann auf dem bewaldeten Bergrücken ansteigend in einer halben Stunde zum Aussichtspunkt **Ganzaleita**. Hier beeindruckt der Blick auf die Klostertaler Kalkberge und die Rote Wand. Von dort geht man nochmals zur Weggabelung zurück, um auf einem Fußweg in Richtung Fritzensee weiterzuwandern. Der Weg führt nun abwechselnd durch Wald, Bergmähder und Viehweiden mit geringen Höhenunterschieden von einer *Legi* (Maisäß) zur nächsten: **Amas Legi** (1520 m), **Schulers Legi** (1490 m), **Fritza Legi** (1440 m). Dabei erfreuen auch immer wieder kleine Bergseen das Auge: **Torasee**, **Fauler See**, **Fritzensee**. Traumhaft schön sind auch die wechselnden Ausblicke auf die Montafoner Bergwelt; der Rätikon präsentiert sich hier von seiner Bilderbuch-

seite. Beim Fritzensee biegen wir talwärts auf einen Wiesenweg ab. Er führt durch die Bergmähder der **Knappagruaba**, wo einst an vielerlei Stellen nach Erz gegraben wurde. Die Stolleneingänge sind zwar größtenteils nicht mehr zu sehen, doch an zahlreichen Hangwulsten sind heute noch die Aufschüttungen von „taubem" Ausbruchmaterial zu sehen. Ein Stollen wurde als **historisches Bergwerk** wieder zugänglich gemacht. (Die Öffnungszeiten sind beim Tourismusbüro in Bartholomäberg zu erfragen.) Vom einstigen Bergbaugelände führt die Route zuerst auf einem alten Knappenweg im Wald, dann über Bergwiesen in einer knappen halben Stunde ins Dorf Bartholomäberg.

Die sonnigen Hanglagen von **Bartholomäberg** waren schon in vorgeschichtlichen Zeiten bewohnt und gelten als das älteste Siedlungsgebiet im Montafon. Die weit verstreuten Höfe am „Bärg" hatten spätestens im 14. Jahrhundert eine eigene Pfarrkirche, die auch Mutterkirche von Schruns und Silbertal war. An der Stelle der romanischen ersten und gotischen zweiten Kirche wurde 1729-1743 die heutige Barockkirche erbaut. Im prachtvoll spätbarock gestalteten Inneren ist noch ein gotischer Flügelaltar zu sehen, von dem es heißt, er sei als Hauptaltar der früheren Kirche von den hiesigen Bergknappen gestiftet worden. Zu den künstlerischen Besonderheiten gehören auch ein romanisches Vortragekreuz aus dem 12. Jahrhundert und die Barockorgel. Der 1701 gegenüber ob der Straße erbaute Pfarrhof ist ebenfalls sehenswert.

Knappagruaba

An der Grenze von Nördlichen Kalkalpen und Zentralalpen ist in Österreich immer wieder eine Zone mit ältesten Sedimentgesteinen und Erzvorkommen anzutreffen. In manchen Bereichen, wie

Im Wiesengelände der Knappagruaba unterhalb des Fritzensees sind noch die Abraumhalden des Bergbaus zu erkennen (Zeichnung von H. Bertle).

besonders am steirischen Erzberg und bei Schwaz im Inntal, ließ sich dieses Erz in großem Stil abbauen. In Vorarlberg ist diese Zone auf einen sehr schmalen Streifen beiderseits des Kristbergsattels beschränkt. Aus dem 9. Jahrhundert gibt es zwar schon erste urkundliche Hinweise auf Eisenbergbau, doch Näheres erfahren wir erst aus dem Spätmittelalter. Ein Schriftstück von 1319 bezieht sich auf ein Reichslehen für *„argentifodinam seu montem dictus muntafune"* („eine Silbergrube oder den Berg genannt Muntafune"). Damit war zweifellos das Gebiet am Davennastock und Kristberg gemeint. Eine Urkunde von 1355 erwähnt auch *„die silbrer in Talass, alle die zue den perkhwerkh gehörendt alda perkhwerkh pflegen"*. Wie es scheint, blühte der Bergbau besonders im 15. Jahrhundert. Damals entstanden beiderseits des Kristbergs und an den Hängen von Bartholomäberg immer neue "Knappagruaba" oder „Knappalöcher", wo die Bergleute mit Schlägel und Eisen schmale Stollen in den Berg trieben. Das taube Gestein wurde vor den Stolleneingängen aufgeschüttet und das brauchbare Material mit Saumtieren zum Verhütten ins Tal befördert. Nach der Entdeckung Amerikas und dem Zunehmen der Silbertransporte aus der Neuen Welt lohnte es sich bald nicht mehr, die wenig ergiebigen Erzgänge im Klostertal und Montafon auszubeuten. 1610 wird berichtet, der Silberbergbau am Lobinger nahe dem Kristbergsattel sei *„aus Mangel des Lusts"* eingestellt worden. In der 1616 erschienenen Emser Chronik heißt es, das Montafon habe *„erwan vil Bergwerck gehabt / von Silber und Eysen / derzeit aber erloschen ..."*. Seither wurde zwar in manchen Knappenlöchern immer wieder nach dem Glück des „Bergsegens" gesucht, bis man zugeben musste, dass der Ertrag den „Verlitt" nicht lohnte.

Schatzgräber und Schatzfinder

Nach dem Erwachen aus so manchen geplatzten Reichtumsillusionen blieb den Schatzgräbern nichts anderes übrig, als ihre Familien mit gewöhnlicher Bergbauernarbeit zu ernähren. Sie wussten zwar, dass man vom Viehhüten, Bergheuen und Holzen nicht reich werden kann, doch sie hatten wenigstens den Trost, ihren Nachkommen eine bescheidene bäuerliche Lebensgrundlage zu hinterlassen. Den wenigsten kam dabei in den Sinn, dass sie mit ihrer unbeachteten Kleinarbeit ein beachtliches Vermögen für kommende Generationen anlegten.

Wer heute vom Kristberg zum Fritzensee wandert, wird auf eine neue Art zum Schatzfinder. Mit Staunen lässt sich hier immer noch die unschätzbare Rarität einer unverdorbenen bergbäuerlichen Kulturlandschaft entdecken. Sogar bei den schindelgedeckten Heubargen und Maisäßhütten ist das Kulturerbe einer anderen Zeit pfleglich bewahrt. Der Weg, der als schönster Panoramaweg im Lande gilt, ist ein Geschenk der Natur. Dass in der Landschaft am Berg zugleich eine erstaunliche Harmonie von Natur und Kultur zu finden ist, ist mit Mühe verdientes und aufgespartes Kapital, das bislang auch von „Funpark"-Vermarktern noch nicht entwürdigt ist. Das ist eine Erbschaft der besonderen Art, die nur mit behutsamer Pflege ihren Wert behält. Je mehr eine solche Landschaft mit authentischem Charakter zum „knappen Gut" wird, desto mehr steigt ihr Wert. So wird sie zu einem Schatz, der unvergleichlich bedeutsamer ist als alles, was die „Silberer" von einst ergraben haben.

In den Hanglagen von Bartholomäberg führt der Weg mit Blick auf die Zimba am Fritzensee vorbei.

Prazalanz

Landschaft zwischen Dichtung und Wahrheit

Wegverlauf: St. Anton im Montafon (Bahnhof oder Parkplatz bei Gemeindeamt, 620 m) – Prazalanz – Lorüns (583 m) – Illweg – St. Anton
Öffentliche Verkehrsmittel: mit der Montafonerbahn zum Bahnhof St. Anton und zur Haltestelle Lorüns
Höhenunterschied: 120 m
Gehzeit: 2 Stunden
Einkehrmöglichkeiten: St. Anton, Lorüns

In **St. Anton** geht man vom Bahnhof oder vom Parkplatz beim Gemeindeamt ein kurzes Stück der Straße entlang der Pfarrkirche zu, biegt aber schon vorher nach rechts auf eine Gemeindestraße ab. Der Wegweisung in Richtung Prazalanz folgend führt der Weg auf dem Schuttkegel am Fuße der Davenna in einen Mischwald. Unterwegs überquert man hier einen kleinen Bach mit getrübtem Wasser, der einer alten Sage zufolge als **Tränenbächlein** bezeichnet wird. Am Wegweiserstandort **Prazalanz Gafotes** wechseln wir auf einen Fußweg, auf dem wir schon nach wenigen Schritten zum Waldrand kommen und danach mitten durch die idyllischen Prazalanzer Wiesen gemächlich abwärts gehen. Wir verlassen den Wiesenhang auf einem bequemen Feldweg, der uns am Rande des Schwemmfächers bei der Flur **Letze** durch jenen Bereich führt, wo 1647 Verteidigungsschanzen angelegt worden waren. Im vorletzten Jahr des Dreißigjährigen Krieges waren nämlich schwedische Truppen nach der Eroberung von Bregenz bis in den Walgau vorgedrungen. Zum Glück zogen sie aber wieder ab, ohne in das Montafon einzufallen.

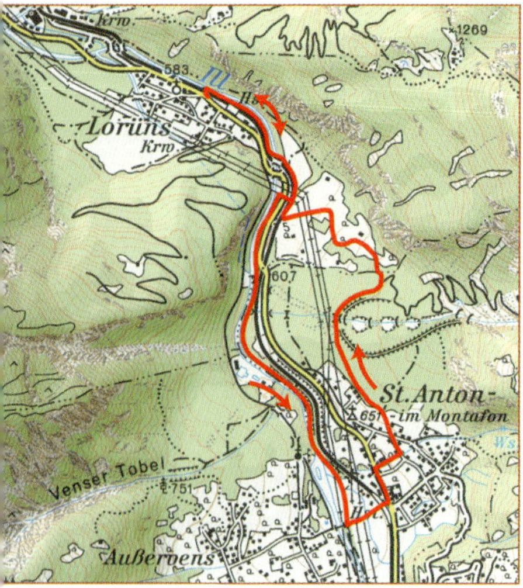

Beim Bahndamm der Montafonerbahn bietet sich die Möglichkeit, für eine Einkehrrast noch zehn Minuten der Bahn und der Ill entlang bis ins Dörfchen **Lorüns** am Taleingang weiterzugehen.

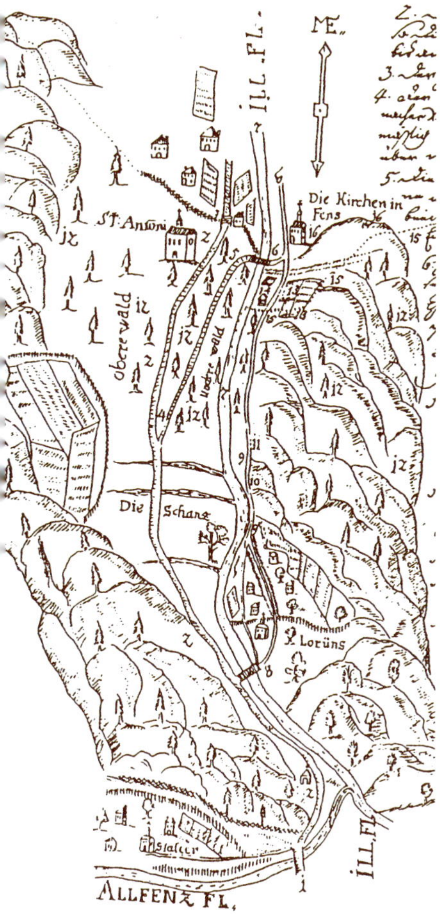

Die Verbindungswege zwischen Lorüns und St. Anton in einer Karte des 18. Jahrhunderts

Danach kehrt man auf dem gleichen Weg wieder zur Letze zurück. Nach dem dortigen Durchgang unter der Bahn und der anschließenden Querung der Talstraße wechseln wir auf den **Illweg**. Im schattenkühlen Auwald geht man nun etwa 40 Minuten gemütlich dem Illufer entlang, bis man wieder die Wiesen der Talebene von St. Anton und den Ausgangspunkt vor sich sieht.

Zwischen Zalans und Aruns

Das sind die mittelalterlichen Namen der beiden kleinen Ansiedlungen am Eingang des Montafons. Während *Zalans* nach seiner dem Einsiedler St. Antonius geweihten Kirche mit der Zeit den Namen *St. Anthöni* und schließlich *St. Anton* annahm, wandelte sich *Aruns* zu *Arüns*, *Larüns* und schließlich zu *Lorüns*. Den Namen *Prazalans* gab es ebenfalls schon im 15. Jahrhundert. Damit waren seit jeher die Wiesen (lateinisch *prata*, rätoromanische Kurzform *pra*) von Zalans gemeint.

Das Tränenbächlein

Eine Sage erzählt, weshalb das Wasser des Bächleins, das aus dem Tobel am Fuße der Davenna fließt, so auffallend trüb ist. An seiner Quelle habe seit unvordenklichen Zeiten eine schöne Jungfrau gegeistert, die dort einen Schatz gehütet habe. Um sie zu erlösen und den Schatz zu heben, müsse man mit einer Haselrute eine auf dem Weg liegende große Schlange dreimal schlagen. Das habe einmal ein mutiger Schrunser versucht, doch schon beim zweiten Schlag habe sich die Schlange so fürchterlich aufgebäumt und ihn angefaucht, dass er es nicht mehr gewagt habe, den dritten Schlag zu tun, sondern in Todesangst davongelaufen sei. Er habe nur noch gehört, wie die schöne Jungfrau erbärmlich klagte: „Jetzt muss ich wieder hundert Jahre warten, bis ein anderer mich zu erlösen wagt.“ Seither weint sie so viele Tränen, dass das Bächlein davon getrübt ist.

Tatsache ist, dass das Wasser aus gipsführenden Gesteinsschichten entspringt und die Trübung von dem darin gelösten Gips herrührt. In den Gipsvorkommen im Davennastock haben die St. Antoner übrigens auf andere Weise einen Schatz gefunden, indem der Ort zum Schwerpunkt der Vorarlberger Gipserzeugung geworden war. Zunehmende Abbauschwierigkeiten führten aber 1977 zur Stilllegung des Gipswerkes.

Die Sage von der verschütteten Stadt

Eine andere Sage erzählt vom Untergang der Stadt Prazalanz. Diese habe sich einst auf dem Schuttkegel des Tränenbächleins befunden, der im Volksmund „Santantöner Alma“ genannt wird. Die Stadt sei durch ihren Wohlstand bekannt und durch das lasterhafte Treiben ihrer Bewohner berüchtigt gewesen. Eines Tages, als man dort wieder schamlosen Mutwillen getrieben habe, sei über Prazalanz das strafende Unheil hereingebrochen. Der Pfarrer der Stadt sei nach vergeblichem Warnen traurig vor dem Pfarrhof gesessen, da habe sein Hündlein auf einmal zu winseln angefangen. So habe es seinen Herrn zu einem Gang aus der Stadt hinaus bewogen. Kaum aber habe dieser der Stadt den Rücken gekehrt, sei auf Prazalanz mit schrecklichem Getöse ein gewaltiger Bergsturz niedergegangen, und dieser habe die ganze Stadt samt ihren frevelhaften Bewohnern unter sich begraben.

Feldweg durch die Wiesen von Prazalanz

„Röfina“ und Illhochwasser

Wenn in Sagen Erinnerungen an vergangene Naturkatastrophen anklingen, dann darf man bei der Sage von Prazalanz vorweg ausschließen, dass auf dem Schuttkegel des Tränenbächleins jemals eine Stadt gestanden hat. Das Tränenbächlein ist aber nicht immer so harmlos, wie es normalerweise aussieht. Bei Unwettern ist es schon oft zum reißenden Wildbach angeschwollen, der die Weiden der Alma arg „verröfnat“ (vermurt) hat. Da ist es durchaus möglich, dass bei solchen Murgängen in früheren Zeiten auch die eine oder andere Hofstatt zu Schaden kam.

Im Auwald führt der Illweg dem Fluss entlang.

Dass die Häuser von St. Anton auf einer kleinen Fläche zusammengedrängt stehen, hat nicht nur mit dem Vorsichtsabstand zum Tränenbächlein zu tun. Auch zur Ill hin war ein Respektabstand geboten, denn bei Hochwasser musste man immer mit einer Überflutung der Talebene rechnen. Die ärgste Hochwasserkatastrophe war 1894, als nach einem Bergsturz von der Vandanser Steinwand eine riesige „Röfi“ (Mure) aus dem gegenüberliegenden Vensertobel das Flussbett verlegte und die Ill zu einem See aufstaute. Ähnliches geschah 1895. Ein weiteres katastrophales Illhochwasser, durch das zum ersten Mal auch die 1905 eröffnete Montafonerbahn demoliert wurde, ereignete sich 1910.

1976 sah es so aus, als werde St. Anton von jenem Schicksal getroffen, von dem die Sage von Prazalanz erzählt. In der Gegend des Gipsbergwerks kamen damals gewaltige Fels- und Schuttmassen in Bewegung. Dadurch waren 32 Häuser unmittelbar gefährdet. In dieser höchst bedrohlichen Situation wurde auf dem Schuttkegel des Tränenbächleins ein 400 Meter langer Schutzwall aufgeschüttet, wobei im Bachlauf zugleich Auffangbecken ausgehoben wurden. Dies geschah gerade noch rechtzeitig, um eine das Dorf bedrohende Mure aufzuhalten. Auch in den folgenden Jahren musste man Vorkehrungen treffen, um St. Anton samt Hauptstraße und Montafonerbahn vor weiteren Murgängen zu schützen.

Alte Alpwege im Rätikon

Vom Rellstal zum Lünersee

Wegverlauf: Rells (Wanderbus-Haltestelle, 1470 m) – Zaluandaalpe (1704 m) – Schweizer Tor (2150 m) – Verajoch (2330 m) – Lünerseealpe (1970 m) – Lünerkrinne (2155 m) – Alpe Lün (1770 m) – Rells
Öffentliche Verkehrsmittel: Wanderbus Vandans – Rells
Höhenunterschied: insgesamt 1040 m
Gehzeit: 6 Stunden
Einkehrmöglichkeiten: Rells, Alpe Lün (Imbiss während der Alpzeit)

Wo Hochtäler weder mit Asphaltstraßen noch mit Seilbahnen bequem erreichbar sind, hält sich der Zustrom von Touristen gewöhnlich in bescheidenen Grenzen. Dort ist es immerhin viel leichter möglich, die Gebirgslandschaft in ihrer altgewohnten Eigenart unversehrt zu bewahren. Das zeigt sich auch im Rellstal, das sich

Der Lünersee zwischen Lünerseealpe und Lünerkrinne

im Rätikon von Vandans zwischen den von der Zimba gekrönten Felswänden und dem Golmer Grat bis zu den kalkweißen Grenzbergen erstreckt. Es gibt mancherlei Wege, das Hochtal kennen zu lernen. Hier ist eine Route ausgesucht, auf der sich die eindrucksvolle Vielgestaltigkeit des Rätikons auf uralten Alpwegen entdecken lässt.

Von der Wanderbus-Haltestelle auf der Voralpe **Rells** spazieren wir zuerst gemütlich auf einem Fahrweg, der uns allmählich ansteigend zur Unteren **Zaluandaalpe** (oft auch Salonienalpe genannt) führt. Von da wählen wir zur Abkürzung den alten Pfad zur Oberen Zaluandaalpe. Darauf gehen wir noch zehn Minuten auf dem Fahrweg und dann auf einem alten Alp- und Saumpfad weiter zum **Schweizer Tor**. Da erreichen wir den Hauptkamm des Rätikons, der hier aus einem hellen, im Jurameer entstandenen Riffkalk gebaut ist. Die Lücke des Schweizer Tors zwischen den verkarsteten Felsenburgen von Drusenfluh und Kirchlispitzen bietet wie ein Fenster Ausblicke auf den Graubündner Prättigau. Von da zieht sich der Bergpfad weiter aufwärts zum **Verajoch** und danach bergab zur **Lünerseealpe** am Lünersee. Am Verajoch überwältigt die Aussicht auf den sich von den grünen Alpmatten abhebenden wuchtigen Gebirgsbau der Schesaplana. Wie schon zuvor beim Anstieg von der Oberen Zaluandaalpe zeigt sich die hochalpine Landschaft auch im Blick auf das Gafalljoch und die Schesaplana so zeitlos unverändert, als sei sie seit Jahrhunderten gleich geblieben. Auch der türkisfarbene **Lünersee** hat wie eh und je eine faszinierende Natürlichkeit an sich, obschon er seit 1959 durch den Bau einer Staumauer zu einem künstlich vergrößerten Speichersee geworden ist. Unsere Route zweigt schon vor der Staumauer und dem dortigen Gebäude der Douglasshütte vom

Der Lünersee um 1900 (nach einer Zeichnung von Peter Schnorr)

östlichen Seeuferweg in ein grünes Hochtälchen ab, durch das wir zum Grat der **Lünerkrinne** gelangen. Der Übergang ist wie ein Tor aus dem dort anstehenden Gipsgestein gebrochen. Nun öffnet sich die Aussicht auf das Rellstal und darüber hinaus bis zum Lechquellengebirge. Von da weg haben wir zudem immer die Zimba im Blickfeld. Beim Abstieg kommen wir an trichterförmigen Dolinen vorbei, die in den Gipsschichten durch Lösungsverwitterung entstanden sind. Bald zeigt ein Wegweiser den weiteren Abstieg auf dem Mässbödaweg durch sanfte Alpweiden zur Alpe Lün. Dabei kommen wir am Zermabühel einmal mehr an schönen Zirben vorbei, wie sie im Rellstal immer wieder bis in Höhen von 2000 Metern zu sehen sind. Der **Mässbödaweg** wird besonders im Frühsommer geschätzt, wenn auch glutrote Alpenrosenfelder das Auge erfreuen. Von der **Sennalpe Lün** gelangen wir auf einem Alpsträßchen und zuletzt auf einem Wiesenpfad zum Ausgangspunkt Rells zurück.

Bergurwald der nacheiszeitlichen Wärmezeit

Wenn wir mit Vorarlberger Zeitgenossen des „Ötzi", also Jägern der Jungsteinzeit, vom Rellstal zum Lünersee gewandert wären, hätten wir zwar die gleichen Berggipfel gesehen wie heute, doch statt zum Schweizer Tor über baumlose Alpwiesen zu gehen, hätten wir im Bergwald einen Pfad suchen müssen. Die Waldgrenze lag nämlich mehr als 100 Meter höher als heute. Der Beweis: Beim Bau eines Stollens zur Wasserüberleitung vom Lünersee nach Latschau fand man im Bereich der Oberen Zaluandaalpe 5500 Jahre alte Holzreste von Fichte, Zirbe, Bergahorn und Eberesche. In der Wärmezeit des so genannten Atlantikums (8000 bis 5000 Jahre vor heute) war auch der Lünersee ringsum von Fichten- und Zirbenwald umschlossen. Hier lockte der reichhaltige Wildbestand zweifellos schon früh und oft Jäger an. Von einem vorzeitlichen Edelhirsch ist noch eine schöne Geweihstange erhalten. Sie wurde im Schlick des Seegrundes gefunden, als das Wasser des Lünersees vor der Aufstauung abgelassen war. Diese Erinnerung an die Vorzeit wie auch die entdeckten Holzreste sind heute im Schauraum des Lünerseewerks in Latschau zu sehen.

Die alten Zugänge zum Lünersee

Das Lünerseegebiet liegt zwar im Brandnertal, doch es gehört zur Montafoner Gemeinde Vandans. Diese Kuriosität ist in der Erschließung und Alpnutzung vom Rellstal her begründet. Von Brand aus war es nämlich unmöglich, mit dem Vieh über die Felsbarriere zwischen Schattenlagant und dem See zu den dortigen Alpweiden zu kommen. So kamen Bürser Bauern schon früh auf die Idee, durch die Nutzung der Alpen im Rellstal hintenherum einen Zu-

Talschluss des Rellstals mit dem Saulakopf

Alpszene (nach einer Zeichnung von Franz von Pausinger)

gang zum Lünersee zu gewinnen. Die Alpen Lün und Zaluanda sind schon in Zeiten, als man im Walgau und Montafon rätoromanisch gesprochen hatte, von Bürs aus genutzt worden. Zaluanda ist heute noch eine Bürser Alpe. Von Lün aus trieb man das Jungvieh über die Lünerkrinne und eine „Troja“ (Viehtriebweg) über eine Schulter des Rossbergs zur Seealpe. Und da diese zur Alpe Lün gehörte, sprach man lange vom „See in Lün“, bevor der Name Lünersee gebräuchlich wurde.

Ein anderer Urweg führte durch das Hochtal von Zaluanda und über das Verajoch zum See. Der Vogteiverwalter David Pappus berichtet in seiner Grenzbeschreibung von 1610 von einem durchgehenden Weg durch das Rellstal: *„Dardurch geht die land straß mit geladnen rossen über die alp Salonien* (Zaluanda)*, nachmals über das obbemelte jöchle Alpafera* (Verajoch) *von dannen abwerts gegen den see“*. Mit „land straß“ war hier freilich nur ein sehr bescheidener Säumer- und Viehtriebweg gemeint; im Unterschied zu den Pfaden am seeseitigen Rossbergabhang, die Pappus als *„über die maß gefährlich und abscheylich“* bezeichnete. Zu seiner Zeit waren im Hochgebirge noch keine Wanderer zum Vergnügen unterwegs. Doch seine Routenempfehlung eignet sich bestens für alle heutigen Bergfreunde, die vom Rellstal aus eine abwechslungsreiche Wanderung zum Lünersee unternehmen wollen.

„Z' Schru im Muntafu"

Schruns am Außerlitz-Rundweg

Wegverlauf: Schruns, Bahnhof (680 m, gebührenpflichtige Parkplätze) – Litzpromenade – Bahnhaltestelle Tschagguns (660 m) – Illweg – Kaltenbrunnen-Gantschier (650 m) – Gauenstein (728 m) – Schruns
Öffentliche Verkehrsmittel: Montafonerbahn und Busverbindungen zum Bahnhof Schruns
Höhenunterschied: 95 m
Gehzeit: 1¾ Stunden (mit Abstecher nach Tschagguns 2¼ Stunden)
Einkehrmöglichkeiten: Schruns, Tschagguns, Kaltenbrunnen

Der Wegweiser am **Bahnhof Schruns** zeigt den kürzesten Weg – es sind kaum 100 Meter – zur Litzbrücke. Dort beginnt ein kurzweiliger Spaziergang auf der von Linden gesäumten **Litzpromenade** entlang der aus dem Silbertal zu Tal rauschenden Litz. Hier richtet sich der Blick immer wieder zur Zimba, die von da aus gesehen dem Matterhorn ähnlich sieht.

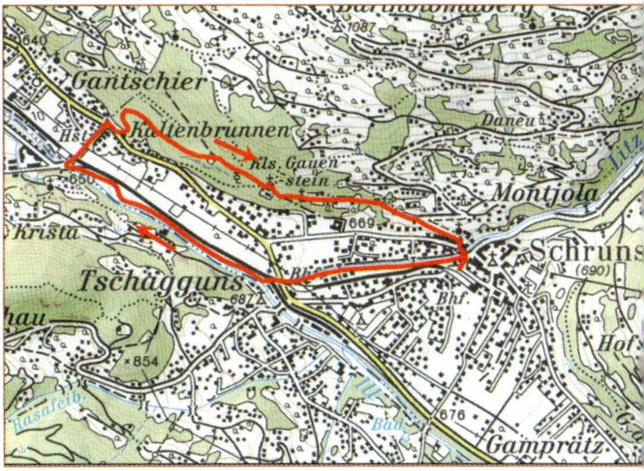

Bei der Bahnhaltestelle Tschagguns bietet sich die Gelegenheit, noch einen Abstecher ins Dorf **Tschagguns** hinauf zu machen. Das ist nicht zuletzt jenen ein Bedürfnis, die den Rundgang als Pilgerweg verstehen und in Tschagguns die Marienwallfahrtskirche als erstes Ziel wählen. (Es lag vor allem an der früheren Beliebtheit als Wallfahrtsort, dass dort die gotische Pfarrkirche aus dem 15. Jahrhundert im 18. und 19. Jahrhundert beträchtlich vergrößert wurde.)

Nahe der Einmündung der Litz in die Ill wechselt die Route auf den **Illweg**, der sich am Rande des Auwalds hinzieht. Das ruhige Rauschen der Ill lädt dazu ein, im Gehen meditativer Wassermusik zu lauschen. Bei der Bahnhaltestelle **Kaltenbrunnen-Gantschier** biegt man auf die Gemeindestraße ab, auf der man in fünf Minuten zum Hangfuß unterhalb von Bartholomäberg gelangt. Hier betritt man einen Bergwald von zauberhafter Natürlichkeit und zugleich eine Sphäre wohltuender Ruhe. Der bequeme Weg steigt gemächlich durch schattigen Mischwald und zwischen Felstrümmern ein kurzes Stück bergwärts. Er führt nach einer Viertelstunde zum Aussichtspunkt **Landschrofen** und kaum zehn Minuten danach zum Waldkloster **Gauenstein**. Für den Rückweg nach Schruns gelangt man auf dem Broxweg am Hang durch Wald und Wiesen zur Montjolastraße. Auf der Straße sind es zuletzt nur mehr wenige Minuten bis zur **Litzkapelle** (erbaut 1688) und über die Litzbrücke zum Ausgangspunkt.

Das langsame Werden des zentralen Dorfes

So logisch es aussieht, dass Schruns der Mittelpunkt der Talschaft Montafon ist, bis ins 18. Jahrhundert war das keineswegs eine ausgemachte Sache. Während des ganzen Mittelalters war der klimatisch begünstigte und vom Bergbau profitierende Bartholomäberg die dominierende Gemeinde im Tal. Im 14. Jahrhundert bestand vor dem Eingang des Silbertals zwar eine Häusergruppe mit einer Kapelle, die abwechselnd *Scheruns, Scharuns, Schiruns* oder *Schrus* genannt wurde, doch das war bis ins 16. Jahrhundert nur ein Ortsteil von Bartholomäberg. Inzwischen hatte dort der Bergbau aber seine frühere Bedeutung verloren, dafür war der Talort für den zunehmenden Saumverkehr und Viehhandel interessant geworden. 1597 konnte sich Schruns als Pfarrei von Bartholomäberg selbständig machen. Ab 1752 durften hier Viehmärkte abgehalten werden. 1776 wurde Schruns Sitz des Montafoner Gerichts.

Jahrhundertelang führte nur ein Saum- und Viehtriebweg von Bludenz ins innere Montafon. Im 19. Jahrhundert wurde es immerhin möglich, mit Pferdegespannen zunächst wenigstens bis Schruns zu fahren. Die alte Landstraße führte über den Schrunser Ortsteil *Außerlitz* (vom Ortskern gesehen talauswärts „außer der Litz") zur Litzbrücke und durch die Gässele des Kirchdorfs. Hier machten die meisten Reisenden Halt, viele

Schruns mit Litzbrücke im 19. Jahrhundert (nach einer Zeichnung von Richard Püttner)

Litzpromenade mit Blick auf die Zimba

auch, um als Vergnügungsreisende die Faszination der umliegenden Bergwelt zu erleben. Seit der Mitte des 19. Jahrhunderts begann sich der Sommertourismus immer mehr bemerkbar zu machen. Den Gästen standen an der alten Landstraße schon früh mehrere Gasthöfe zur Wahl. Aus einzelnen Stätten der Gastlichkeit, wie besonders aus der *Krone*, der *Taube* und dem *Löwen*, sind inzwischen ansehnliche Hotels geworden. Seit dem Bau der Montafonerbahn (1905) mit Schruns als Endstation war es endlich leicht gemacht, Ferien in Schruns zu verbringen. Um 1925 verfügte der Ort bereits über etwa 1400 Gästebetten. Zu dieser Zeit begann sich auch der Wintertourismus zu entwickeln. Von dem 1925/26 in Schruns weilenden amerikanischen Schriftsteller Ernest Hemingway wurde der Schilauf als *„die neueste Masche"* der oberen Gesellschaftsschichten erwähnt. Nachdem 1950 die von Dozent Edwin Albrecht geleitete *Kuranstalt Montafon* als damals österreichweit modernster Kurbetrieb ihre Pforte aufgetan hatte, wunderte sich bald niemand mehr, auf der Litzpromenade illustren Gästen aus aller Welt zu begegnen. Dass Schruns 1928 offiziell zur Marktgemeinde erhoben wurde, war im Grunde nur noch eine Formsache, um die errungene Stellung als regionales Zentrum zu dokumentieren. Der Hochwasserschutz hat es auch möglich gemacht, dass sich der Ort großflächig ausdehnen konnte.

Zwischen Ill und Litz

Dem heute kleinstädtisch anmutenden Ortskern von Schruns sieht man es an, wie man hier seit Jahrhunderten bemüht war, sich beim Hausbau auf einen kleinen Bereich am Hangfuß zu beschränken, in dem man vor den immer wieder auftretenden Überschwemmungen durch Ill und Litz am sichersten war. Am meisten Platz nahm seit je die Ill für sich in Anspruch, die in der Talebene mehrarmig große Flächen des Schrunser Feldes beherrschte. Allerdings war auch die aus dem Silbertal einmündende Litz kräftig genug, die Ill nahe an den südlichen Talrand abzudrängen. Die Litz diente zugleich als Dorfbach, an dem man Mühlen betreiben und wo die Frauen ihre Wäsche waschen konnten. Sie war bei jedem Hochwasser aber auch gefürchtet.

Die Schrunser konnten nie vergessen, welche Verwüstungen die Litz im Jahr 1762 angerichtet hatte. Damals trat sie so wild über die Ufer, dass sie alle Brücken wegriss und von vielen Gebäuden nur mehr Ruinen oder gar nichts mehr übrig ließ. Allein in Schruns wurden von den Fluten zwanzig Häuser, fünfzehn Ställe und drei Mühlen zerstört. Danach war man beim Bauen noch vorsichtiger, um bei späteren Überschwemmungen nicht mehr so arge Schäden befürchten zu müssen. Entscheidend aber war, dass seit der Mitte des 19. Jahrhunderts systematisch an Flussregulierungen gebaut wurde. Einer der ersten Pläne für die Regulierung von Ill und Litzmündung wurde 1830 von Alois Negrelli angefertigt, der später als Planer des Suezkanals berühmt wurde. Die in den folgenden Jahrzehnten vorgenommenen Wuhrarbeiten konnten allerdings nicht verhindern, dass das Tal 1910 nochmals von einer verheerenden Hochwasserkatastrophe betroffen wurde. Heute ist man es längst gewöhnt, dass Ill und Litz zwischen sicheren Eindämmungen dahinfließen und dass die Uferdämme zu bequemen Spaziergängen einladen.

Das Waldkloster Gauenstein

Im Bergwald von Gaues oberhalb der Talebene von Außerlitz wohnten im 18. Jahrhundert Einsiedler vom Dritten Orden der Franziskaner. Nach dem Tod des letzten Waldbruders wurde der von den Eremiten erworbene Grund vom Bauern Johann Fidel Tschohl gekauft und 1844 dem Kapuzinerorden gestiftet. Der Orden baute auf der nun Gauenstein genannten Hangterrasse 1847–1851 eine neue Kirche und danach das Kloster. Von hier aus übernahmen die Kapuziner im Montafon vielerlei Aufgaben, vor allem auch als seelsorgliche „Lückenbüßer". Dazu ist der Kapuzinerorden heute zwar personell nicht mehr in der Lage, dafür hat Gauenstein als Oase der Ruhe und Naturnähe einen spirituellen *Genius Loci* bewahrt, der inmitten einer turbulenten Alltagswelt von vielen geschätzt wird.

Kirche des Klosters Gauenstein

Plazadels und Wachters Dieja

Maisäße im Gauertal

Wegverlauf: Tschagguns-Matschwitz (Golmerbahn Mittelstation, 1530 m, Parkplatz Talstation Latschau) – Plazadels (1500 m) – Wachters Dieja (1650 m) – Golmalpe (1660 m) – Matschwitz
Öffentliche Verkehrsmittel: Busverbindung Tschagguns – Latschau, Talstation Golmerbahn
Höhenunterschied: insgesamt 190 m
Gehzeit: 2 Stunden
Einkehrmöglichkeiten: Matschwitz, Latschau

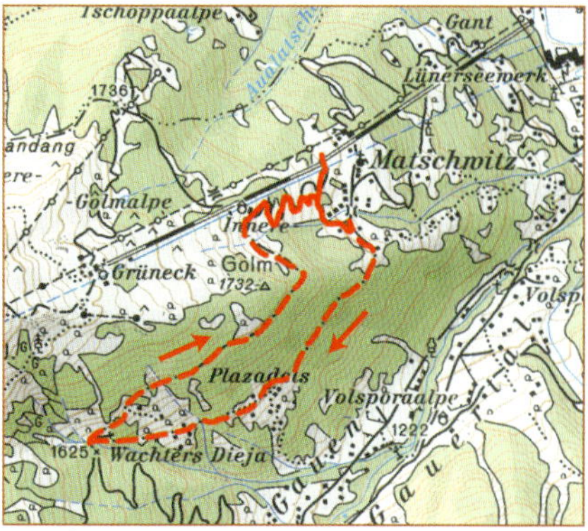

Von der Mittelstation der Golmerbahn im Tschagunser Maisäß **Matschwitz** folgt unsere Route zunächst einem Fahrweg, der schon nach wenigen Minuten beim letzten Haus endet. Nun führt ein Fußpfad abwechselnd durch Wiesen und nach Harz duftenden Bergwald. Es ist ein recht „altmodischer" Weg, den man nicht ohne feste Schuhe begehen sollte, auch wenn ihn die Familienmitglieder der Maisäßbesitzer jahrhundertelang barfuß gegangen sind. Etwas vom Faszinierendsten an diesem Weg sind die wechselnden Ausblicke. Zuerst hat man im Gauertal die Tschaggunser Mittagspitze und das Schwarzhorn vor sich, bald kommen auch die Sulzfluh und bei Plazadels die Drei Türme ins Bild. Was man hier aber auch gesehen haben sollte, ist die Flora der Bergwiesen, wenn sie gegen Ende Juni in der schönsten Blüte ist.

Der kleine Maisäß **Plazadels** mutet wie ein Freilichtmuseum an, in dem die charakteristische Eigenart eines alten Maisäßgebiets noch fast unversehrt erhalten ist. Die Hütten sind zum Teil sehr alt. Eine am Waldrand oberhalb des Weges stehende Behausung trägt die Jahreszahl 1778. Die dazugehörenden Stallscheunen wurden 1791 und 1819 errichtet.

Von Plazadels kommt man auf einem Waldweg einige Minuten später zu den etwas höher gelegenen Bergwiesen von **Wachters Dieja**. Dieser Maisäß besteht ebenfalls aus Hütten in traditioneller Bauweise. Ursprünglich stand hier wohl nur eine Hütte (rätoroma-

Blühende Bergwiesen in Plazadels mit Blick auf das Drusentor zwischen Sulzfluh und Drei Türmen

nisch *teja*), die einer Familie Wachter gehörte. Im Weitergehen folgen wir ein paar Schritte einem Fahrweg, wechseln aber noch vor dem Waldrand auf einen Fußpfad, auf dem wir im Wald zum Wegweiser im **Kilkatobel** und bald danach zum obersten Maisäßhof von Wachters Dieja kommen. Von dort erreicht man nach ein paar Minuten Aufwärtsgehen einen Fahrweg, der im Bergwald fast eben zur **Golmalpe** führt.

Nach dem Gang durch die Idylle einer alten Maisäßlandschaft mag man bei der Golmalpe die Rückkehr in die Gegenwartsumwelt fast als zu abrupt empfinden. Hier betreten wir wieder eine von moderner Zivilisation – Straße, Seilbahnen und Druckrohrleitung der Illwerke – mitgeprägte Landschaft. Sie öffnet immerhin auch weite Ausblicke auf Schruns, Bartholomäberg und das Silbertal mit den Bergkulissen des Verwall und des Lechquellengebirges mit der Roten Wand. Von der Golmalpe erreicht man auf dem Fahrweg in einer knappen Viertelstunde wieder die Mittelstation der Golmerbahn.

Traditionelle Maisäßkultur

Jahrhundertelang waren die Montafoner so sehr von der Viehwirtschaft abhängig, dass jeder für die Futterbeschaffung geeignete Fleck Boden genutzt werden musste. Der Mangel an Weideflächen und Heugütern in Dorfnähe hatte schon im Mittelalter zum Entstehen von Nebengütern in Höhenlagen zwischen 1200 und 1700 m geführt. Die Bezeichnung *Maisäß* – in Montafoner Mundart *„Mäises“* – ist schon aus dem 15. Jahrhundert („*Mayensäß*“) bekannt und erinnert daran, dass dieses zwischen Heimgut und Alpe gelegene Berggut zumeist im Mai bezogen wurde.

Wo die Maisäße so nahe lagen wie im äußeren Gauertal, konnten die Familien die meiste Zeit auf ihrem Talhof verbringen. Wenn dort das Winterheu verfüttert war, trieb man die hungrigen Tiere auf den Maisäß. Das war ein zweiter kleiner Hof mit Wohnhütte und Milchkeller, Stall und Heustock. Wenn der Maisäß nicht weiter als ein bis zwei Gehstunden entfernt war, ging Tag für Tag jemand von der Familie dorthin, um nach dem Vieh zu sehen und die Kühe zu melken. Da hatte man oft viel zu tun, auch mit „*Istalla*" (das Vieh in den Stall treiben), „*Stallschorra*" (Mist kratzen), „*Mischt alega*" (Düngen), „*Ruma*" (Aufräumen), „*Züna*" (Einzäunen), „*Schwenda*" (Gestrüpp beseitigen) und „*Holza*" (Holzbeschaffen). Junge Burschen und Mädchen hatten oft aber auch ihre Freude, wenn sie sich in einem „*Mäiseshüttli*" zum fröhlichen Beisammensein treffen konnten.

Auf dem Maisäß weidete das Vieh bis zum Auftrieb auf die Alpe, wo es die Zeit zwischen Ende Juni und Mitte September verbrachte. In diesen Monaten hatten die Bergbauern zuerst die Heuernte im Tal zu besorgen. Im Juli zogen ihre Familien wieder mit Sack und Pack auf den Maisäß. Dazu bekamen die Kinder für ihre Sommerferien wenn nötig früher schulfrei. Sie halfen beim Heuen mit und hüteten die Ziegen. Anfang August führte das Nomaden-

Das Maisäßgebiet Volspora im Gauertal um 1870 (nach einer Zeichnung von Theodor Blätterbauer)

Maisäßhütten in Plazadels, die schon vor 1820 bestanden haben

leben zwischendurch wieder zurück ins Tal, um die zweite Heuernte – man nannte sie *„Gromat“* – einzubringen. Nach dem Alpabtrieb verbrachte das Vieh noch eine kurze Zeit zur Herbstweide auf dem Maisäß, bevor es zur Winterfütterung in den Stall auf dem Heimgut kam. Das auf dem Berggut noch vorrätige Heu wurde im Winter vielfach mit Schlitten ins Tal gebracht.

Von dieser Art von Halbnomadismus waren die bäuerlichen Lebensverhältnisse großteils noch bis zur Mitte des 20. Jahrhunderts geprägt. Je unabhängiger die Montafoner von der Viehwirtschaft als Existenzgrundlage wurden, desto weniger Familien waren auf die Beibehaltung der traditionellen Maisäßwirtschaft angewiesen. Durch die Mechanisierung der Landwirtschaft und den Bau von Güterwegen wurde es zudem leicht möglich, das Heu ins Tal zu transportieren. Die Behausungen am Berg werden heute meistens als Feriendomizile genutzt.

Türbeschriftung einer Maisäßhütte auf Wachters Dieja

Ein Tag auf der Via Valtellina

Der historische Saumweg über das Schlappiner Joch

Wegverlauf: Gargellen (Bushaltestelle Postamt, 1410 m) – Valzifenzalpe (1693 m) – Schlappiner Joch (2203 m) – Schlappin (1658 m) – Klosters-Dorf (Bahnhof, 1124 m)
Öffentliche Verkehrsmittel: Montafonerbahn bis Schruns, Landbus 87 bis Gargellen. Rückkehr ab Klosters mit der Bahn über Landquart (Umsteigen Rhätische Bahn – SBB) und Buchs
Höhenunterschied: bergwärts 790 m, bergab ca. 1100 m
Gehzeit: 4¾ Stunden
Einkehrmöglichkeiten: Gargellen, Schlappin, Klosters

Via Valtellina – Veltlinerweg – ist der Name einer internationalen Weitwanderroute, die den Spuren eines historischen Saumweges folgt. Auf diesem Weg wurde bis ins 19. Jahrhundert Veltlinerwein nach Vorarlberg transportiert und Montafoner Vieh in die Lombardei ausgeführt. Die *Via Valtellina* führt von Schruns über Gargellen – Schlappiner Joch – Klosters – Davos – Scalettapass ins Engadin und über den Berninapass durch das Puschlav nach Tirano im italienischen Veltlin. Für unsere Tageswanderung ist als Schnupperroute der Weg von Gargellen über das Schlappiner Joch gewählt.

Der Fremdenverkehrsort **Gargellen** war bis ins 19. Jahrhundert ein schlichtes und noch nicht ganzjährig bewohntes Maisäßdörfchen. Von diesem alten *Gargella* – so wird der Ort in der Mundart heute noch genannt – ist nicht mehr viel zu sehen. Das schönste Relikt ist die 1611–1617 erbaute und 1793 in der heutigen Form vollendete Kirche, eine Filialkirche von St. Gallenkirch. Der Tourismus heutigen Stils begann um 1890, nachdem die Säumertaverne „Rössli" neben der Kirche in ein „Hotel und Pension zum Madrisa" umgestaltet worden war und die Vorzüge von Gargellen als reizvolle Sommerfrische und als Luftkurort allmählich bekannt wurden. Für die Schifahrer war der Ort bereits nach dem Ersten Weltkrieg ein Geheimtipp, doch der eigentliche Aufschwung des Sommer- und Wintertourismus begann erst nach 1950 mit dem Ausbau der Zufahrtsstraße und der Erschließung des Schafberggebiets für den Pistenschisport.

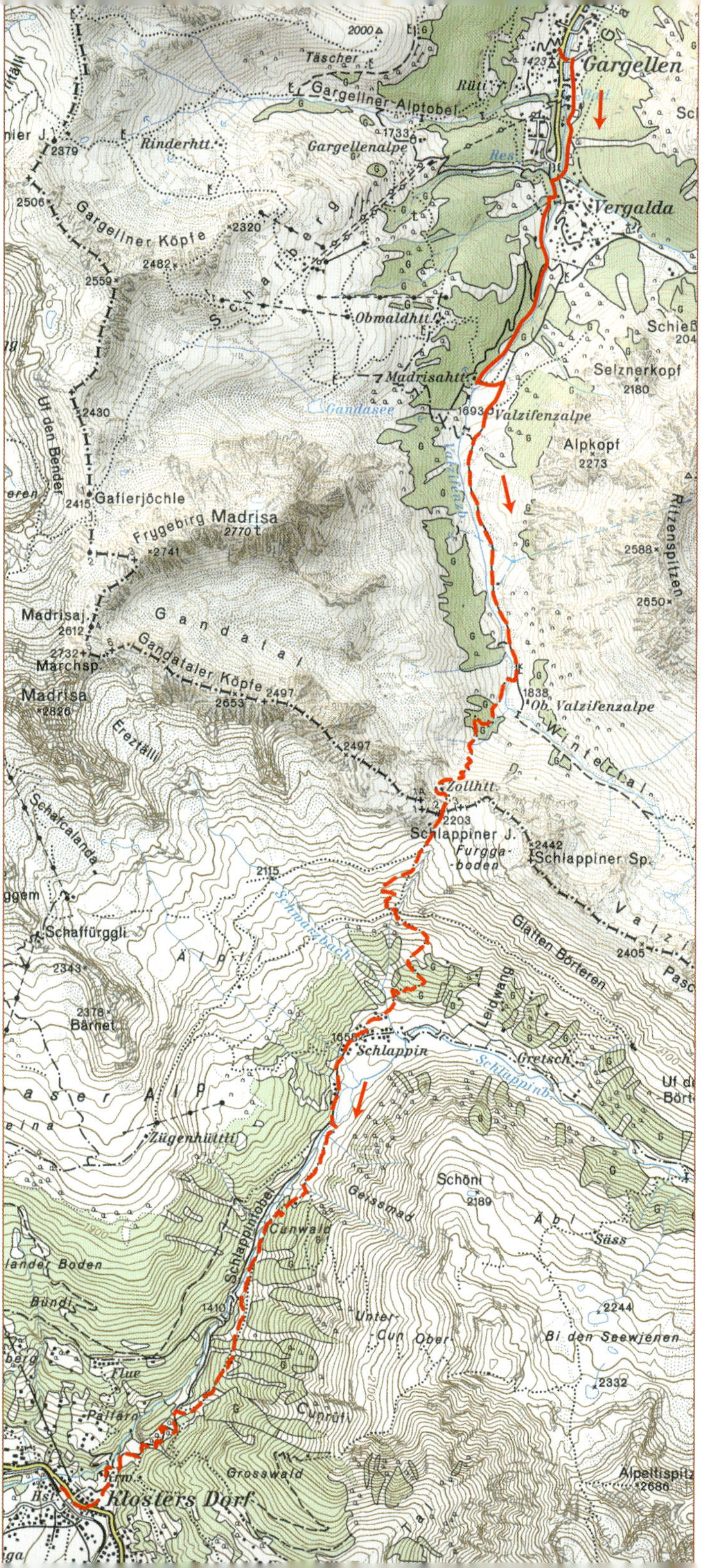

Gargellen
Vergalda
Täscher
Gargellner Alptobel
Rüti
Gargellenalpe
Rinderhtt.
Gargellner Köpfe
Schafberg
Obmaldhtt.
Madrisahtt.
Gandasee
Valzifenzalpe
Selznerkopf
2180
Alpkopf
2273
Ritzenspitzen
2588
2650
Gafierjöchle
Frygebirg Madrisa
2770
2741
Madrisaj.
2612
Gandatal
2732
Marchsp.
Madrisa
2826
Gandataler Köpfe
2497
2653
Ob. Valzifenzalpe
1838
Winteral
Ereztälli
Zollhtt.
2203
Schlappiner J.
Furggaboden
Schlappiner Sp.
2442
Schafcalanda
Schaffürggli
2343
2378
Bärnet
Schmarzbach
Glatten Börteren
2405
Leidwang
Schlappin
1658
Gretsch
Schlappinb.
Zügenhüttli
Schöni
2189
Geissmad
Cunwald
Schlappintobel
Säss
1410
Unter Cun Ober
Bi den Seewjenen
2244
2332
Bündi
Flue
Pallärn
Cuprüti
Grosswald
Klosters Dorf
Alpeltispitz
2686

Beim Steg der inneren Valzifenzalpe beginnt der noch erhaltene historische Saumweg zum Schlappiner Joch.

Die Wanderung beginnt bei der Bushaltestelle im Ortskern von Gargellen, führt über die nächste Brücke auf die andere Seite des Suggadinbachs und dann dem Bach entlang und an der Talstation der Schafbergbahn vorbei. Unterhalb des Ortsteils **Vergalda** überqueren wir den Vergaldabach und Valzifenzbach und wechseln auf einen Alpweg, der durch die **Schnapfaalma** ins Valzifenztal führt. „*Schnapfa*" (mit etwas abfälligem Unterton) ist ein im Montafon gebräuchlicher Übername für die Bewohner des Walgaus, die auch im Gargellental schöne Alpen besitzen. Hier sind mit *Schnapfa* die Bludescher als Besitzer der Valzifenzalpe gemeint. Verständlich, dass der am Fuße der Madrisa zur Alpe gehörende Bergwald **Schnapfawald** genannt wird. Am Saum dieses Waldes gehen wir auf einem alten Fuß- und Viehtriebweg dem Bach entlang zur **Valzifenzalpe**. Von dort spaziert man auf einem Fahrweg bis zu einem Steg, bei dem ein Wegweiser den eigentlichen Aufstieg zum Schlappiner Joch anzeigt. Hier betreten wir den historischen Steig, der bis zum Joch heute noch fast durchgehend so aussieht, wie ihn die Säumer im 19. Jahrhundert kannten. Zum Teil ist der Weg mit Grünerlen und Alpenrosen gesäumt. Wenn wir auf den Serpentinen den Blick zwischendurch talauswärts wenden, sehen wir über das Montafon hinaus bis zur Roten Wand im Lechquellengebirge.

Auf dem **Schlappiner Joch** erreichen wir die Grenze von Montafon und Prättigau, damit auch von Vorarlberg und dem Schweizer Kanton Graubünden. Das Joch gilt zugleich als Grenze zwischen Silvretta und Rätikon. Auf dem Übergang erblickt man den Talkessel des inneren Prättigaus und das Hochtal von Davos. Am Horizont geben sich die Dreitausender des Oberhalbsteins mit Tinzenhorn, Piz Ela und Piz d'Err zu erkennen. Vom Joch führt der Weg durch Alpweiden in Serpentinen zur reizvollen Voralpe und einstigen Walsersiedlung **Schlappin**. Von der dortigen Häusergruppe am Rand einer saftig grünen Hochtalebene wechselt die

Route über das Stauwehr eines kleinen Speichersees auf die Ostseite des Schlappintobels. Von da zieht sie sich abwechselnd durch Bergwiesen und Wäldchen talwärts. Sobald wir in die Nähe von Klosters kommen, wird auf den Wegweisertafeln zwischen **Klosters-Platz** und **Klosters-Dorf** unterschieden. Mit Platz ist das eigentliche Ortszentrum gemeint. Diese Richtung wird gewählt, wenn man genug Zeit hat, sich im Ort etwas näher umzusehen und wenn man auf der Via Valtellina nach Davos weiterwandert. Klosters-Dorf ist hingegen das um etwa eine halbe Stunde nähere Ziel, wenn man die Wanderung am Bahnhof beendet, um mit der Bahn über Landquart ins Rheintal zurückzukehren.

Ein Joch mit wechselvoller Geschichte

Es wurde schon oft herumgerätselt, wie der Name Schlappin und damit auch der Name Schlappiner Joch – in Landkarten des 17. und 18. Jahrhunderts auch „*Slepina mons*" geschrieben – zu erklären ist. Bei den Deutungsversuchen hat man an vielerlei lateinische Bezugswörter gedacht, wie etwa an *silva* (Wald), *pinus* (Föhre, Kiefer), *sella* (Sattel), *sal* (Salz) oder auch an ein keltisches *sal+apina* (Weidenbächlein). Es soll uns aber nicht stören, wenn bislang noch keine Erklärung voll zu überzeugen vermochte. Sicher hatte das Joch schon in vorrömischer Zeit einen Namen, der schon längst in Vergessenheit geraten ist.

Es gibt in Vorarlberg kaum einen zweiten Gebirgsübergang, bei dem die vorgeschichtliche Begehung so gut bezeugt ist wie beim

Das Graubündner Alpdörfchen Schlappin liegt auf halbem Weg zwischen Klosters und dem Joch.

Schlappiner Joch. Das älteste Fundgut stammt aus der Steinzeit. Dazu kommen Lanzenspitzen aus der Bronzezeit (Valzifenzalpe) und Hallstattzeit (Gargellen). Im späten Mittelalter verstärkten sich die Beziehungen zwischen dem Montafon und dem Prättigau durch die Zuwanderung von Walsern in beiden Talschaften. Dazu kam der Fernverkehr mit Wein- und Viehhandel. Ab dem 16. Jahrhundert gehörte es zum Alltag, dass mit *„Läglana"* (länglichen Fässchen) beladene Saumpferde Veltlinerwein über das Joch ins Montafon brachten. Manche Säumer verstanden sich auch auf den Viehhandel und trieben auf dem Rückweg Montafoner Braunvieh in Richtung Süden. Offenbar benützten auch andere Reisende und Frächter die Route über das Schlappiner Joch, so dass es sich lohnte, im Gargellental zeitweise zwei Tavernen offen zu halten. Vogteiverwalter David Pappus berichtete 1610, dass in Vergalda *„ain würtßshauß oder tafern wegen der durchreisenden jederzeit geweßt und noch ist"*. Mit dem Ende der Zugehörigkeit der Lombardei zu Österreich endete 1859 fast schlagartig auch der altgewohnte Saumverkehr.

Von 1477 bis 1649 unterstand das Prättigau wie das Montafon der Herrschaft des Hauses Habsburg. An diese Zeit erinnern sich die Prättigauer aber nur ungern, denn ihr Übertritt zum reformierten Glauben sollte für sie nach Ausbruch des Dreißigjährigen Krieges harte Folgen haben. 1621 fielen unter Oberst Brion kaiserliche Truppen über das Schlappiner Joch ins Prättigau ein. Den Höhepunkt erreichte der Konflikt 1622 bei der Niederschlagung eines Aufstandes der Prättigauer durch österreichische Truppen und durch wechselnde Raub- und Rachezüge von Prättigauern und Montafonern. Die letzten größeren Gewalttätigkeiten ereigneten sich 1625 bei einem Raubzug der Prättigauer ins Montafon. Nach dieser Kriegszeit, der auch Hunger- und Pestnöte folgten, war man in beiden Talschaften froh, dass nachfolgende Generationen wieder friedlichere Zeiten erleben durften. Ernstliche Gefahr drohte am Schlappiner Joch erst wieder im Jahr 1799, als französische Truppen versuchten, von Klosters aus ins Montafon einzudringen. Manchmal konnte der Weg über das Joch aber auch in Friedenszeiten abenteuerlich sein, wenn er als Schmugglerweg benützt wurde.

Eine ganz andere Gefahr drohte den ruhigen Erholungslandschaften beiderseits des Passes in den Jahren um 1970, als der Bau einer modernen Touristenstraße über das Joch geplant wurde. In einer Zeit, in der es schon mehr als genug verkehrsgeplagte und motorenverlärmte Hochtäler gibt, ist das auch heute noch von Straßen und Autos verschonte Schlappiner Joch zum Glück ein unverdorbener Zeuge einer anderen Zeit geblieben.

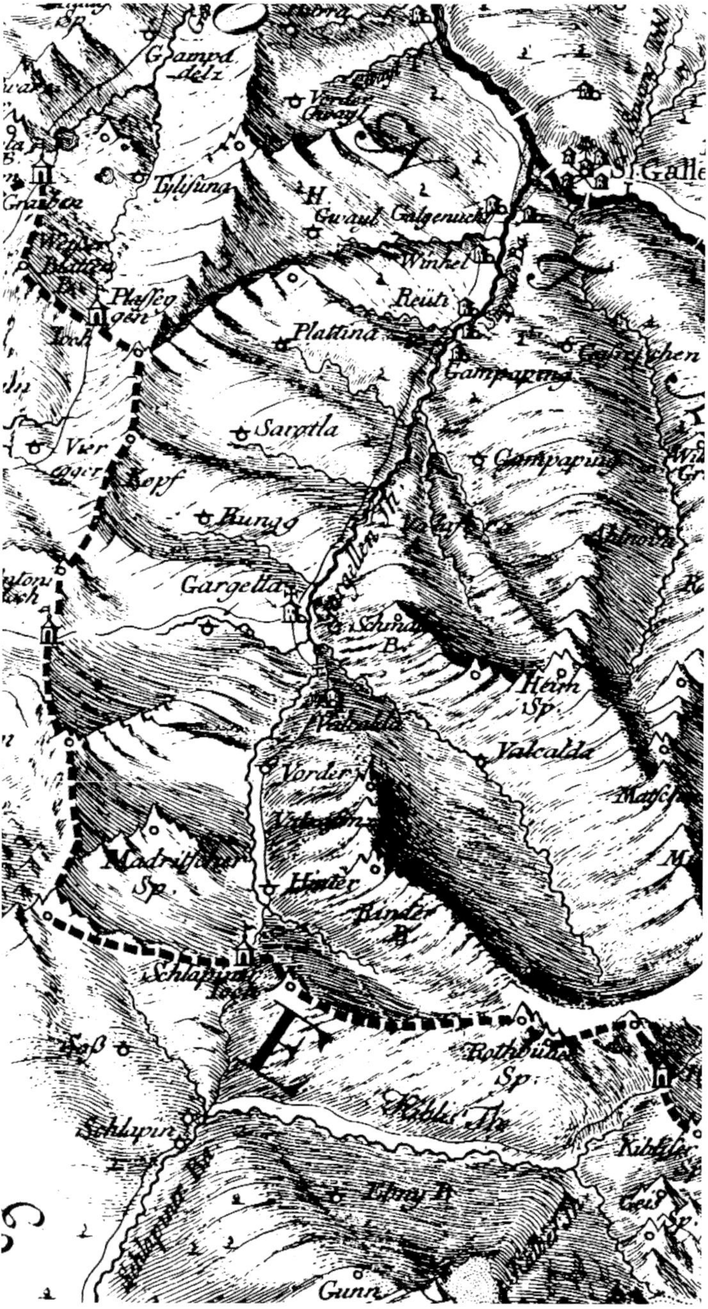

Der Saumweg über das Schlappiner Joch
in Blasius Huebers Vorarlbergkarte von 1783

Abbildungsnachweis

Umschlag vorne und hinten: Karte Provincia Arlbergica von Blasius Hueber, 1783
S. 4: Karte der Vorarlberger Landstände, 18. Jhdt., Vorarlberger Landesarchiv
S. 16: Nach G. V. Kleinsträtl, Theatrum Europaeum, Frankfurt 1651, Vorarlberger Landesmuseum, Bregenz
S. 20f: Nach Mathäus Merian, Topographia Sueviae, Frankfurt 1643, Stadtarchiv Bregenz
S. 25: Nach Lithografie C. A. Czichna, Stadtarchiv Bregenz
S. 29: Karte Provincia Arlbergica von Blasius Hueber, 1783
S. 30: Vorarlberger Landesmuseum (Foto 19.584)
S. 40: Fotosammlung Anton Schmelzenbach, Riefensberg
S. 42: Aus: Christoph Vallaster, Kleines Vorarlberger Heilbäderbuch, Dornbirn 1984, S. 65
S. 44: Privatarchiv Dr. Elmar Schallert, Thüringen
S. 50: Aus: Hörmann, Schmid, Steub u. a., Wanderungen durch Tirol und Vorarlberg. Stuttgart Repr. 1977 nach 2. Aufl. 1889, 253
S. 53: Bregenzerwaldarchiv, Egg
S. 57: Ansichtskarte Foto Branz, Lustenau
S. 64: Ansichtskarte um 1900, Vorarlberger Landesbibliothek
S. 67: Franz-Michael-Felder-Archiv, Bregenz
S. 68: Stich von Meßmer, Bezau, 1869. „Illustrierte Zeitung", Leipzig, 12. Juni 1869, 453
S. 73: Stadtarchiv Dornbirn
S. 77: Vorarlberger Landesmuseum
S. 79: Inatura, Dornbirn
S. 88: Kupferstich aus der Geschichte des Feldzuges von 1799 in Deutschland und in der Schweiz. Hg. von Erzherzog Karl. Wien 1819
S. 102: Kolorierte Federzeichnung, Tiroler Landesarchiv, Inv.-Nr. 119
S. 107: Aus: Georg Baumeister, Das Bauernhaus des Walgaus und der walserischen Bergtäler Vorarlbergs einschließlich des Montavon. München 1913, 177
S. 112f: Nach Mathäus Merian, Topographia Sueviae, Frankfurt 1643
S. 122: Aus: Hörmann, Schmid, Steub u. a., Wanderungen durch Tirol und Vorarlberg. Stuttgart Repr. 1977 nach 2. Aufl. 1889, 284
S. 126: Aus: Herbert Kuntscher, Höhlen, Bergwerke, Heilquellen in Tirol und Vorarlberg. Berwang 1986, 236-237
S. 129: Vorarlberger Landesarchiv (Akt CL/30, Vogteiamt Bludenz)
S. 134: Aus: Leo Kegele, Das Brandnertal, Gmunden 1907, 37
S. 136: Aus: Walter Methlagl, Der Traum des Bauern Franz Michael Felder. Bregenz 1984, 31
S. 138: Aus: Hörmann, Schmid, Steub u. a., Wanderungen durch Tirol und Vorarlberg. Stuttgart Repr. 1977 nach 2. Aufl. 1889, 276
S. 143: Aus: Heinrich Noé, Deutsches Alpenbuch, Bd. 2, Tirol und Vorarlberg, Glogau o. J., 503
S. 150: Karte Provincia Arlbergica von Blasius Hueber, 1783

Ortsregister

Alle Angaben in diesem Führer wurden sorgfältig recherchiert und erfolgen nach bestem Wissen. Für die Richtigkeit der Angaben kann jedoch keine Haftung übernommen werden.

Bibliografische Information Der Deutschen Bibliothek
Die Deutsche Bibliothek verzeichnet diese Publikation in der Deutschen Nationalbibliografie; detaillierte bibliografische Daten sind im Internet über <http://dnb.ddb.de> abrufbar.

Umschlaggestaltung: Tyrolia-Verlag, Innsbruck
Layout: Tyrolia-Verlag, Innsbruck
Fotos: Helmut Tiefenthaler
Karten: © BEV – 2005, vervielfältigt mit Genehmigung des BEV – Bundesamtes für Eich- und Vermessungswesen in Wien, Zl. EB 2005/00160
Routendarstellung VOGIS, Amt der Vorarlberger Landesregierung
Lithografie: Athesia-Laserpoint, Innsbruck
Druck und Bindung: Alcione, Trento
ISBN 3-7022-2645-1
E-Mail: buchverlag@tyrolia.at
Internet: www.tyrolia.at

NEUBURG
Au
S. Arbogast
Frachsern
Latora
Hörnle
Clauss
Sattel
Sattelberg
Ratz Ba
Hunenberg
S. Victorsberg
Frödisch Tobl u. Ba.
Röttis
Dafins
Zwischen wasser
Birket
Langeneck
Sulz
Buchenbrunen
Mondi
Batschuns
Furx
Laterns
Boppiswiss
Fallura
Rinderegg
Hohe Matona Kopf
Saluser
Nob Kopf
Gapfol
ainingen
R. V
Mühl
Alten stadt
Rankweil
Reinberg
Valduna
Übersachsen
E L Z
Hintertobl
Störkerwald
Fallban
N K
Tisern
Vierhäuser
Göfis
Wies
W
Bickenwald
E I L L
Hinterwich
IAGD
Schwarzhorn
Winkel
Krist B.
VELDKIRCH
Sigberg
B
Satteins
E R G
Häusler
Alpilla
Gampelin
Düns
Bassegg
Schnüfis
Röns
Frastenz
Hagen
Ronsberg
Schlins
Blumenegg
Düringen
Jagdberg
Fromengers
Matten
Laatz
Gurtis
Bludesch
S. Anna
Nicolaus
Beschlingen
Nenzingen
H. B
Guggaus
Hangeletsch
Ramschwag
Gurtis Sp.
Gallina Ba
Mäng Ba.
Sattel
H.
S O N N E
Brand Kopf
Zigerberg
Gavall Kopf
Schaller
Valserina A
u. Ba
Gampp
Schwarzen Kopf
Schneider Stein
Reuneg
Blatten Ba
Spitz
Rohne
Gallina Kopf
Hohenbrand Kopf
Gampp Ba
Loch
Thäle Kopf
Kiselesboden
Alpila
Bürseberg
Rinder
Gastapfel
Schayen Kopf
B
E
R
G
Loist Kopf
Tschapina
Tallen Kopf
Vallsona
Mottenkopf
Großgast
Ochsen A.
Fundl Kopf
Rauche
Parpfienz
Göriach Kopf
Gamsen Grad
Maschen Kopf
Balüd
Kiste Tobl
Garten Tobl
Virglorja Tobl
Pragga
Brand
Kasten Tobl
Gamperthon
Briel
Windegger Sp.
Schönthal Kopf
Rathorn
Scheiben
Sattel
Wies
Brüggele
Ober Salim
Motten Kopf
Flüer A
Saule Sp
Corvina Sp.
Schafflitumer
Rochus
Paniel
Schafalpele
Schatten Lagant
Gufel
Gufel Ba